# DEMOCRACIA NA PRÁTICA
## POR UM BRASIL MELHOR

# CARLOS ALBERTO DOS SANTOS CRUZ

## DEMOCRACIA NA PRÁTICA

### POR UM BRASIL MELHOR

**70**

**DEMOCRACIA NA PRÁTICA**
POR UM BRASIL MELHOR
© Almedina, 2022

Autor: Carlos Alberto dos Santos Cruz

Diretor da Almedina Brasil: Rodrigo Mentz
Editor de Ciências Sociais e Humanas e Literatura: Marco Pace
Assistentes Editoriais: Isabela Leite e Larissa Nogueira
Estagiária de Produção: Laura Roberti
Revisão: Luciana Boni e Gabriela Leite

Diagramação: Almedina
Design de Capa: Roberta Bassanetto
Foto de Capa: Cristiano Mariz

ISBN: 9786554270175
Novembro, 2022

Dados Internacionais de Catalogação na Publicação (CIP)
(Câmara Brasileira do Livro, SP, Brasil)

---

Cruz, Carlos Alberto dos Santos
Democracia na prática : por um Brasil melhor
Carlos Alberto dos Santos Cruz. – São Paulo, SP
Edições 70, 2022.

ISBN 978-65-5427-017-5

1. Brasil – Política e governo 2. Democracia
3. Eleições – Brasil 4. Política – Brasil I. Título.

22-125925 CDD-321.80981

---

Índices para catálogo sistemático:

1. Brasil : Democracia : Ciências políticas 321.80981

Eliete Marques da Silva – Bibliotecária – CRB-8/9380

Este livro segue as regras do novo Acordo Ortográfico da Língua Portuguesa (1990).

Todos os direitos reservados. Nenhuma parte deste livro, protegido por copyright, pode ser reproduzida, armazenada ou transmitida de alguma forma ou por algum meio, seja eletrônico ou mecânico, inclusive fotocópia, gravação ou qualquer sistema de armazenagem de informações, sem a permissão expressa e por escrito da editora.

Editora: Almedina Brasil
Rua José María Lisboa, 860, Conj. 131 e 132, Jardim Paulista | 01423-001 São Paulo | Brasil
www.almedina.com.br

*À minha esposa e aos meus filhos e netos; aos meus pais que partiram muito jovens (1952 e 1957); aos militares e civis que perderam a vida nas missões de paz das quais participei; e às crianças, mulheres e homens que sofrem às consequências da irresponsabilidade e da falta de responsabilização política.*

SANTOS CRUZ

# NOTA DO AUTOR

O objetivo deste livro é esclarecer o meu pensamento sobre assuntos que cataloguei observando o dia a dia desde a eleição de 2018 até dezembro de 2021, quando se iniciou, na prática, a disputa eleitoral para as eleições de 2022. Algumas observações foram acrescentadas até a data em que o material foi enviado para a editora.

O meu principal objetivo é alertar a sociedade para alguns pontos que considero importantes:

- O Brasil não pode ser governado por mandatários despreparados e incapazes para a função, que façam parte de grupos extremistas que mantêm ou que procurem manter a sociedade brasileira em estado de permanente conflito.
- O fanatismo está levando o Brasil à violência, se não generalizada, pelo menos em algumas situações específicas.
- O chefe do Poder Executivo não pode utilizar as Forças Armadas como instrumento político em favor de seu projeto e de seu grupo.

- As relações pessoais, sociais e institucionais não devem se deteriorar em consequência do comportamento dos chefes de Poderes e de alguns de seus seguidores que irradiam exemplos nocivos para outras pessoas e setores da sociedade.
- O país sofre graves prejuízos por causa de uma disputa polarizada de perfil populista que não contribuem para a evolução política, para a redução da desigualdade social, para a eliminação de privilégios e para o necessário combate à corrupção.
- A eleição de opções populistas para presidente pode implicar em prejuízos e retrocessos para o Brasil.

O extremismo e a polarização deterioram a esquerda e a direita, empobrecem a democracia, enfraquecem as instituições, estimulam a divisão social e investem no fanatismo.

O Brasil precisa acabar com a reeleição para os cargos de presidente, governador e prefeito, extinguir o foro privilegiado, eliminar os privilégios, aprovar a prisão em segunda instância e reduzir urgentemente a desigualdade social. Também é primeira prioridade unir o país, restaurar o respeito pessoal, funcional e institucional e estimular a tolerância às divergências. Somente com união e respeito será possível vencer os desafios econômicos, em especial a fome e o desemprego, e combater a corrupção. O Brasil não pode continuar à mercê de governos populistas, de viciados em dinheiro público, de fanáticos e de embusteiros.

Essas ações são necessárias como primeiro bloco de medidas para o aperfeiçoamento e a consolidação da democracia no Brasil.

CARLOS ALBERTO DOS SANTOS CRUZ

# AGRADECIMENTOS

A gradeço aos amigos que me incentivaram e auxiliaram na discussão dos diversos assuntos, o que foi fundamental para a elaboração das ideias e para melhorar a forma de apresentá-las.

Expresso minha amizade e gratidão pela pronta resposta ao chamamento para colaborar neste trabalho, dedicando parte do seu tempo que, após as atividades profissionais, seriam dedicados aos assuntos particulares e à convivência familiar.

É com pessoas como esses exemplares amigos que o Brasil prossegue na sua caminhada de ordem e progresso.

# APRESENTAÇÃO

P edi ao general Santos Cruz que escrevesse um livro para nossa coleção em parceria com a Editora Almedina porque queria que nossa audiência conhecesse a experiência desse brasileiro, adquirida ao intervir em áreas de conflitos em diversos países, e seu testemunho do quanto a democracia é valiosa e difícil de ser conquistada e mantida.

O resultado é esse relato de um militar que dedicou sua vida à conquista da paz. Santos Cruz é reconhecido internacionalmente e reverenciado por organismos globais dedicados à preservação dos direitos humanos.

Ele nos conta também sua experiência no governo Bolsonaro. Os alertas que faz são necessários para que se tenha um testemunho do que é o bolsonarismo e seu projeto de poder.

"O meu principal objetivo é alertar a sociedade para alguns pontos que considero importantes", diz o general.

Eles se conheceram no Exército e conviveram por alguns meses no Palácio do Planalto. Santos Cruz vai direto ao ponto: "Bolsonaro é completamente despreparado e faz parte de um grupo de extremistas que mantêm ou que procuram manter a sociedade brasileira em estado de permanente conflito".

É contra o fanatismo desse grupo, que tem levado o Brasil à violência e à tentativa de capturar as Forças Armadas, que o general faz seu alerta.

O general também tem sérias críticas ao projeto petista e faz um resumo do que considera um caminho que o País deveria seguir nos próximos anos para se proteger de projetos populistas: "O Brasil precisa acabar com a reeleição para cargos do Poder Executivo e com o foro privilegiado, eliminar os privilégios, resolver os problemas econômicos do desemprego e da fome, reduzir a desigualdade social, aceitar de modo natural e respeitoso as divergências, estar unido para vencer os desafios, combater a corrupção e não ficar à mercê de fanáticos, de governos populistas e de viciados em dinheiro público".

Desfrute, então, todas essas experiencias vividas, não só nos salões da diplomacia, mas principalmente nos campos de batalha.

MARA LUQUET
*CEO do Canal MyNews*

## PREFÁCIO

# INTEGRIDADE, CORAGEM E TRABALHO PODEM MUDAR O BRASIL

### O homem, as ideias e o contexto

Conheci o general Santos Cruz no Haiti, em fins de 2006. O governo Lula assumira o comando da vertente militar da missão de estabilização da Organização das Nações Unidas (ONU), respondendo a apelos de vários líderes políticos, inclusive haitianos. O Brasil mostrava-se disposto a assumir suas responsabilidades na esfera internacional, mas nem todas as condições pareciam estar presentes. Era preciso coordenar melhor as ações conjuntas dos ministérios da Defesa e das Relações Exteriores, tanto em Brasília quanto em Porto Príncipe.

Eu trabalhava no Ministério da Defesa (MD), aproximando civis e militares e fomentando a formação de especialistas civis em assuntos de Defesa. Na esteira da transição para a democracia, a sociedade brasileira precisava definir o que queria de suas Forças Armadas e desenvolver uma cultura de defesa. Para isso, apostava-se no diálogo e na redução da ignorância mútua. Precisávamos formar mestres e doutores que analisassem a defesa nacional e suas necessidades, envolvendo, na medida do possível, a imprensa e outros formadores de opinião. Tratava-se de construir confiança entre civis e militares, deixando de lado os ressentimentos e voltando a dialogar francamente. Cabia pressionar a classe política a assumir suas responsabilidades na definição de políticas de defesa.

Muito se fez naquele tempo, mas, infelizmente, houve retrocesso nos últimos anos. Este livro trata, em parte, desse retrocesso. Essa é uma das razões pelas quais ele é bem-vindo: comunica a sincera opinião de um militar respeitado por seus pares, tanto quanto pelos civis, que fala como cidadão, reconhecendo que os integrantes das Forças Armadas são exatamente como a sociedade brasileira, nem melhores, nem piores: encarnam suas virtudes e seus defeitos.

A partir de 2004, ainda no MD, passei também a contribuir para o planejamento e execução da participação brasileira na missão e cumpri missões no país caribenho. Entre 2007 e 2008, servi ao Ministério das Relações Exteriores (MRE) em Porto Príncipe como uma espécie de adido cultural e fui professor visitante junto à Universidade do Estado do Haiti. Foi quando aprendi a admirar Santos Cruz.

O país estava convulsionado e violento. Esperava-se que a ONU impusesse a paz, o que efetivamente ocorreu sob o comando de Santos Cruz.

Por dever de ofício, eu conversava com muita gente, a fim de entender o espaço de atuação possível para a ONU, as expectativas em relação aos atores políticos locais, os interesses da comunidade internacional... Um contexto fascinante para analistas das relações internacionais, inclusive pelos riscos que se corria.

Meu trabalho junto à Embaixada do Brasil tinha o propósito de ajudar os diplomatas a aproximarem-se da elite intelectual haitiana e produzir análises para subsidiar suas decisões. (Em ambientes complexos, convém ter várias fontes de informação e pontos de vista distintos.) Nesse contexto, pude conhecer as reais percepções da elite local acerca da missão, do Brasil e dos principais personagens naquele complexo cenário político.

De todos os meus interlocutores, ouvi referências positivas ao modo respeitoso e íntegro com que a ONU conduzia as operações militares sob o comando de Santos Cruz. Mesmo os líderes comunitários, que sabiam estar sujeitos ao fogo cruzado, reconheciam o fato de o general sempre se preocupar em evitar o que se chama de "danos colaterais", isto é, vítimas civis. As ONGs viam-no com confiança: firme no cumprimento de suas responsabilidades, mas transparente com as informações e cooperativo no auxílio às atividades no terreno que beneficiassem a população local.

Tive poucas conversas com ele em Porto Príncipe. Lembro-me da lucidez de suas análises políticas. Embora sua tarefa se restringisse ao aspecto militar, especialmente o operacional, era o mais perspicaz analista da missão. Mais de uma vez, encontrei-o em lugares inesperados, sem farda, tentando entender melhor o país em que trabalhava. Por isso, creio, ouvi dos responsáveis civis pela missão que vinham dele as principais sugestões construtivas de atuação a bem da população local e da integridade da missão. Tratava-se, diziam-me, de um militar que tinha empatia em relação à população local e respeito a seus adversários.

A tendência de funcionários internacionais em lugares conflagrados é fechar-se em uma bolha, perdendo contato com a realidade local. É mais seguro e confortável. Aliás, hoje é o que fazem as elites em toda parte. Por isso, perdem conexão com a população e implementam políticas que não melhoram a vida do povo. Ele, Santos Cruz, misturava-se à gente local a fim de entender melhor como ela se sentia e implementar ações coerentes com a realidade do lugar, seus usos e costumes.

A propósito de seu desempenho profissional, os fatos falam por si. O êxito no comando daquela operação não surpreendeu os que conheciam sua trajetória no Exército. O reconhecimento que a burocracia da ONU lhe tem ensejou o convite para comandar, no Congo, a primeira operação robusta da Organização em uma operação de paz. A ele, o Secretário-Geral da ONU confiou a delicada missão de mudar a cultura da organização com respeito às operações de paz. Funcionou. Depois da missão no Congo, o Secretário-Geral pediu-lhe que sugerisse ações para melhorar a segurança das operações em curso, a fim de reorientar o planejamento das futuras operações de paz. O documento ficou conhecido como o "Cruz Report" e segue influenciando as políticas da ONU no que concerne ao tema.

Esses fatos dizem muito acerca do autor do livro que você tem em mãos, caro leitor. Mas não dizem o principal. Há alguns anos, já em Brasília, ouvi uma história de uma antiga subordinada dele no Haiti que resume bem o caráter de Santos Cruz. Compartilho-a a seguir, se você me der mais uns poucos minutos.

Uma oficial médica comandava um destacamento de apoio à saúde que foi enviado a socorrer as vítimas do desabamento parcial de um edifício-escola na periferia de Porto Príncipe. Havia cerca de 10 pessoas, a maioria crianças, soterradas no andar de baixo. A equipe de saúde foi proibida de entrar, já que o prédio poderia terminar de ruir, liquidando todos os que lá estivessem. A médica disse que sua missão era salvar vidas e, mesmo que fosse sozinha, desceria para salvar quantas pudesse. Não tendo autorização para entrar, disse que abriria mão da cobertura de seguro de vida contratado pela ONU, em caso de acidente. Principalmente, estava colocando sua própria vida em risco.

Ouvidos o engenheiro e a oficial médica, Santos Cruz (que também é engenheiro civil e tinha conhecimento do risco) decidiu que desceria junto com a médica e sua equipe de sargentos, cabo e soldados para fazer o salvamento. Disse apenas que a vida de cada um de seus subordinados hierárquicos não valia menos do que a sua própria.

Ao final, os sobreviventes do desabamento, naquele pequeno compartimento, foram salvos. A coragem e a liderança da oficial médica foi reconhecida e ficou claro que essa era a coisa certa a fazer, a despeito dos riscos envolvidos. Viver é perigoso, lembra-nos o jagunço Riobaldo, em Grande Sertão: Veredas.

Por isso mesmo é preciso valentia e discernimento para encarar os desafios que a vida nos coloca. Essa atitude fundamenta o esforço do autor ao expor suas ideias neste livro e chamar seus concidadãos a agir.

Santos Cruz é capaz de arriscar sua vida para salvar quem ele não conhece e nada dizer sobre o episódio até o fim dos seus dias. Um homem de ideias claras e princípios éticos, que tem a coragem de enfrentar os perigos da vida e a vontade de enriquecê-la para outrem, com seu trabalho e com sua inesgotável energia.

## Ideias simples, na hora certa, podem mudar o mundo

"Os livros não mudam o mundo, quem muda o mundo são as pessoas. Os livros só mudam as pessoas". A frase é do poeta Mario Quintana, que nos deixou lá se vão quase trinta anos. O leitor que sobreviveu às primeiras páginas deste prefácio não se arrependerá de seguir adiante, especialmente quando chegar ao que interessa, às ideias de um observador engajado cuja empatia poderá ajudar a mudar sua percepção do mundo em que vivemos.

Talvez ele queira envolver as pessoas em seu projeto e veja neste pequeno livro um instrumento a serviço dessa mudança.

Que o Brasil precisa mudar, ninguém duvida. Que piorou muito nos últimos anos, menos ainda. Só isso já nos autoriza a saudar as ideias aqui contidas. Há cerca de uma ou duas décadas, parecíamos caminhar no sentido de construir uma sociedade menos desigual, marcada por uma atitude tolerante e dedicada a criar oportunidades para todos. A continuidade de políticas públicas observada em distintos governos fazia crer que a classe política havia amadurecido o suficiente para assegurar políticas de Estado em áreas-chave, como educação, saúde, infraestrutura, segurança pública e defesa.

Pouco a pouco, pensavam os otimistas, o Estado se restringiria a cumprir suas funções essenciais, deixando à iniciativa privada as atividades econômicas, e a sociedade civil se qualificaria, passando a votar melhor e, também assim, contribuindo para a construção de um país mais justo, próspero e tolerante.

Infelizmente, não foi o que ocorreu. A combinação de inépcia política, oportunismo e desonestidade trouxe o Brasil à beira de um abismo. Hoje, é preciso evitar o passo que se quer dar adiante... Essa é a primeira mensagem importante deste livro, caro leitor. A depender das decisões dos principais atores políticos nas próximas semanas, o Brasil poderá entrar em uma espiral de violência, pelo menos localizada, e intolerância insustentável. Apesar de a nossa sociedade ser complexa e de o poder estar fragmentado entre elites distintas, nada garante que saberemos preservar nossa democracia e melhorar as condições de vida da população.

Santos Cruz tem a coragem de dizer isso, apontando o culto ao fanatismo e à intolerância como um risco para a sociedade brasileira – o risco de ter suas instituições progressivamente deterioradas e corrompidas no seu comportamento, instaurando-se um regime de exceção. O autor tem a coragem de nos dizer verdades, em lugar de falar o que as pessoas querem ouvir. Mas certas verdades, quando ditas, geram ódio e rancor. A complacência e a omissão são mais confortáveis, especialmente para os que se acomodam com os poderosos de plantão.

O custo de condescender pode ser fatal para qualquer sociedade; mais ainda para uma sociedade injusta e desigual como a brasileira. Preconceito, violência, patrimonialismo e impunidade têm raízes profundas na nossa sociedade, sabemos bem. Mas temos visto que, deixadas a si mesmas, não tendem a melhorar.

A Constituição de 1988 trouxe avanços importantes em termos de garantia dos direitos cidadãos, mas produziu uma estrutura de incentivos perversa, marcada pela garantia de privilégios absurdos – como o foro privilegiado – e pelo estímulo a comportamentos "de carona" ligados a ganhos de curto prazo. A imunidade parlamentar, pensada para proteger a liberdade de opinião, estendeu-se ao ponto de se transformar em garantia de impunidade. Isso não pode continuar assim, ressalta o autor.

Entretanto, o espaço para debates sobre necessidades urgentes e interesses de longo prazo da sociedade reduziu-se, em parte como consequência do hiato da redução na formação de lideranças políticas no período 1964-1981. De fato, só há pouco os jovens voltaram a interessar-se pela política. Governos de exceção às vezes produzem resultados vistosos no curto prazo, mas costumam deixar custos elevados para as gerações futuras. A carência de lideranças políticas no Brasil em parte resulta do fato de que o país passou 30 ou 40 anos sem expor seus jovens a embates políticos legítimos. Construir uma democracia dá trabalho e leva tempo.

A democracia só se fortalece pela prática, com instituições sólidas, regras estáveis e transparentes e ampla liberdade de expressão e associação. Isso não é simples nem fácil. É preciso educar a população, representar seus interesses de forma honesta e compreender as implicações das ações implementadas por cada governo no presente e no porvir. É preciso paciência e perseverança, além de trabalho sério e continuado. Por isso mesmo, lideranças populistas preferem insuflar emoções e mobilizar seus seguidores em torno de pautas ideológicas que gerem conflitos em períodos eleitorais. Esse caminho, contudo, só produz crises, atrasos e conflitos. É preciso, portanto, restabelecer a boa política, o respeito e a união nacional, argumenta Santos Cruz em seu livro.

O problema não se restringe às lideranças. Os partidos políticos abdicaram de sua função principal: defender ideias coerentes para promover o desenvolvimento socioeconômico do país e negociá-las em harmonia, alcançando, pelo diálogo, o meio-termo possível em que uma sociedade complexa possa conviver em paz e prosperar. Em sua maioria, hoje, os partidos políticos se parecem com grupos de poder organizados para beneficiar-se de acesso a recursos públicos. Não admira que a sociedade os tenha em tão baixa conta e desconfie dos políticos.

Em uma sociedade que se pretende civilizada, espera-se que políticos e funcionários públicos sejam exemplos de retidão. O que se tem visto no Brasil, ao contrário, são contradições entre discursos e ações, distorções de fatos, mentiras deslavadas, tudo escudado por chicanas jurídicas e pela certeza da impunidade. As carreiras típicas de Estado vêm sendo agredidas ao ponto de se tornarem desestimulantes aos que esposam a ética de servir ao público. Mesmo os pleitos dos sindicatos e associações parecem ter perdido o norte, resumindo suas demandas a recomposições salariais e garantias de "direitos adquiridos".

DEMOCRACIA NA PRÁTICA

O país precisa de avanços e não de retrocessos. Processos de desenvolvimento que prosperariam em decorrência de ações contínuas em áreas como educação, ciência e tecnologia precisam ser continuados. Políticas responsáveis no campo dos direitos humanos, inclusive dos povos originários, do meio ambiente e das relações internacionais, precisam de aperfeiçoamentos, mas vêm sendo deterioradas. Pouco se avançou na abertura da economia brasileira ao mercado internacional. Faltou empenho em realizar uma reforma tributária que viabilize maior grau de justiça social, equilíbrio nas contas públicas e investimentos produtivos no Brasil. A agenda política no Brasil resume-se a ataques pessoais e tentativas e decisões eleitoreiras de curto prazo.

Os últimos governos parecem ter preferido angariar apoio político de lideranças beneficiadas por barreiras e incentivos especiais, o que não significa aumento de eficiência na economia. Os privilégios se perpetuam, tanto entre carreiras públicas quanto entre parcelas do setor privado, enquanto a economia piora em diversos aspectos, o meio ambiente se deteriora, os direitos dos cidadãos são desrespeitados e as esperanças se esvaem. Não é de se estranhar que, pela primeira vez desde a chamada "década perdida" dos anos 1980, muitos brasileiros deixem o país em busca de sociedades onde possam realizar seus sonhos.

É dessa realidade que nos fala Santos Cruz neste seu chamamento à ação. Não devemos, como sociedade, abrir mão das conquistas realizadas nas últimas décadas. Nossas instituições podem e devem ser aperfeiçoadas, nossa cultura política precisa mudar. Mas isso não cairá do céu. "Desconfie de salvadores da pátria; não precisamos deles", insiste o autor. Não há mágica. Algumas sociedades têm a sorte de encontrar grandes estadistas em momentos decisivos, mas isso ocorre uma vez a cada século. Os Estados Unidos tiveram Lincoln, a África do Sul teve Mandela, mas as sociedades que prosperaram apostaram na consolidação de suas instituições e no trabalho diligente de seu povo. Aliás, esse era o ensinamento de Maquiavel nos Discursos sobre a Primeira Década de Tito Lívio, seu livro preferido.

Santos Cruz incita-nos a olhar para o longo prazo, assumir responsabilidades e perseverar no caminho certo, mesmo sabendo que será difícil. É angustiante perceber que nenhum dos principais candidatos à presidência nas próximas eleições parece disposto a enfrentar desafios tão óbvios, preferindo contemporizar com atitudes irresponsavelmente populistas e deixar entreaberta a porta das imunidades e privilégios de que desfrutam. É certo que dessa maneira não construiremos um país melhor, mas poucos têm a coragem de denunciar essa realidade. É isso o que este livro faz.

E é nesse contexto que o atual governo, por falta de visão de futuro e/ou incapacidade para o trabalho, se notabiliza por agressões e ameaças. Em nenhuma área relevante ele foi capaz de dizer o que pretende fazer depois de acabar com as políticas que até há pouco produziam bons resultados para a sociedade. Nem mesmo no período dos governos militares, tão reverenciado por seus apoiadores, isso aconteceu: sem entrar no mérito da natureza dos projetos de então ou dos métodos utilizados para tentar realizá-los, havia um projeto de país. Hoje, não há.

Pior ainda, sobressaem as tentativas de cooptar militares e policiais em apoio a um projeto político pessoal e partidário. O autor acredita que o profissionalismo e o sentido ético de uns e outros não permitirão que isso ocorra. Para ele, essas instituições saberão manter-se nos limites da lei. Espero que ele esteja certo. Sua honestidade intelectual não o impede, contudo, de observar que esse risco está à vista, a olho nu.

DEMOCRACIA NA PRÁTICA

E, pior ainda, existem outros riscos importantes. Por exemplo, nos últimos anos, o governo empenha-se em facilitar o acesso a armas e munições, anular parte da legislação criada para auxiliar nos controles e, em nome da liberdade individual, estimular cada cidadão a defender-se com meios próprios. Esse caminho não reduzirá a violência nem produzirá estabilidade social. Além de incentivar a desvios éticos, servirá para desvalorizar as forças policiais em sua dimensão institucional de garantia da ordem. É, pois, uma proposta contrária aos interesses da sociedade e de suas instituições. O direito do cidadão de se armar não exime o Estado de suas responsabilidades de segurança pública.

Eis o abismo de que nos fala Santos Cruz neste livro, indicando, em concisas reflexões temáticas, o caminho que precisamos percorrer se quisermos restabelecer um mínimo de paz social e de união, bem como esperança em um futuro melhor.

O leitor atento perceberá que as ideias do autor não são novas nem revolucionárias. Ao contrário, são pílulas de prudência e sensatez. Lições colhidas por um homem experiente que sabe ver as misérias do mundo, sente compaixão pelo sofrimento humano e trabalha para proteger quem precisa de ajuda. Ao fazê-lo, aponta problemas reais e propõe soluções razoáveis a bem do conjunto da sociedade brasileira, especialmente de sua parcela indigente e marginalizada, pela qual todos somos, em alguma medida, responsáveis.

O que diferencia este apelo à ação responsável é a honestidade de propósito e a integridade de alguém que está acostumado a arriscar sua vida pelos valores em que acredita. O leitor interessado em um Brasil melhor para seus filhos e netos encontrará boa companhia neste livro. Encontrará também um parâmetro que o auxilie a avaliar os projetos de país a serem apresentados pelos candidatos à presidência da República.

Trata-se, em suma, de uma excelente contribuição a um debate tão necessário para a nossa sociedade em 2022, que nos reaviva a esperança no Brasil e em seu povo.

Brasília, junho de 2022.

ANTÔNIO JORGE RAMALHO DA ROCHA
*Professor de Relações Internacionais da Universidade de Brasília*

# SUMÁRIO

INTRODUÇÃO . . . . . . . . . . . . . . . . . . . . . . . . . . . . . . . . . . 29

1. Democracia – o aperfeiçoamento das instituições . . . . . . . . 35
2. A difícil caminhada democrática . . . . . . . . . . . . . . . . . . . . 39
3. A insensatez do salvador da pátria . . . . . . . . . . . . . . . . . . 43
4. Fanatismo, violência e mediocridade . . . . . . . . . . . . . . . . 47
5. A cartilha do totalitarismo – o Brasil não pode seguir esses passos. . . . . . . . . . . . . . . . . . . . . . . . . . . . . . . . . . . . . . . . . 51
6. (In)segurança pública . . . . . . . . . . . . . . . . . . . . . . . . . . . . 55
7. Corrupção – o câncer brasileiro . . . . . . . . . . . . . . . . . . . . 61
8. A necessidade de liderança . . . . . . . . . . . . . . . . . . . . . . . . 65
9. Forças Armadas . . . . . . . . . . . . . . . . . . . . . . . . . . . . . . . . 69
10. Educação – a esperança . . . . . . . . . . . . . . . . . . . . . . . . . . 73
11. Meio-ambiente, clima, sustentabilidade, Amazônia – assuntos mundiais . . . . . . . . . . . . . . . . . . . . . . . . . . . . . . . . . . . 77
12. Política exterior. . . . . . . . . . . . . . . . . . . . . . . . . . . . . . . . 81
13. "Fake news" – desinformação – manipulação da opinião pública. . . . . . . . . . . . . . . . . . . . . . . . . . . . . . . . . . . . . . . . 85
14. Populismo . . . . . . . . . . . . . . . . . . . . . . . . . . . . . . . . . . . . 89

15. Política – reformas necessárias ........................ 93

16. Eleições .............................................. 97

17. Pandemia (covid-19) ................................. 101

18. Mídia ............................................... 105

19. Os povos indígenas .................................. 107

20. Economia .......................................... 113

21. Privilégios e desigualdade social ..................... 117

22. Os riscos para o Brasil .............................. 121

## APÊNDICE

Eleições, fanatismo e violência ......................... 129

Por que envolver o exército em crise política? ............. 133

O governo, a população e as forças armadas ............... 137

"O 7 de Setembro é dia de celebração e não deve ser transformado em dia de conflito" ........................... 141

A aplicação da lei é fundamental para a democracia ........ 145

Ataque de histeria ..................................... 149

Um país doente de corrupção e fanatismo ................ 155

A armadilha da polarização e a regressão institucional ...... 159

Entre o bem e o mal? Por enquanto, entre o mal e o mal! .... 163

A solução é política! E é urgente! ....................... 167

Dê uma chance ao Brasil! Ele precisa de todos nós! ........ 171

# INTRODUÇÃO

O Brasil precisa traduzir o que é democracia! Precisa transformar democracia em ações!

Após passar cerca de cinco anos em áreas de conflito, convivendo com a violência de origem política no Haiti e na República Democrática do Congo, e também conhecer diversos locais onde tive oportunidade de trabalhar, participar de eventos e palestras, consolidei algumas observações. Não é necessário percorrer esse longo trajeto para tirar conclusões, pois elas são óbvias.

A primeira vez que fui ao Haiti foi em 2006. Viagem rápida para uma cerimônia militar de passagem de comando de uma tropa brasileira. Chegamos na parte da tarde, assistimos à cerimônia e voltamos no dia seguinte pela manhã. Durante o caminho do aeroporto para o hotel e para o local da cerimônia não precisei de mais do que poucos minutos para chegar a algumas conclusões acerca daquela multidão de pessoas muito pobres, com o sofrimento estampado no rosto. O mesmo sofrimento de brasileiros que vivem na extrema pobreza e dos moradores das periferias das grandes cidades brasileiras, com alguns locais controladas pelo crime organizado.

O Haiti é fruto de uma história triste, perversa, agravada pela falta de honestidade, sentimento humanitário e sensibilidade de parte de suas elites. É a ausência, no dia a dia, do patriotismo heroico dos escravos na guerra da independência. É a carência de lideranças com espírito humanitário e motivadas a fazer o bem para o seu povo. Também é possível imaginar os efeitos da corrupção e da concentração de renda implacáveis. Essas foram as percepções imediatas.

Cerca de seis meses depois, o destino me levou de volta àquele país por dois anos e três meses, no comando das tropas da Organização das Nações Unidas (ONU), quando pude conhecer em profundidade a cultura, a história fantástica da independência em uma luta vitoriosa dos escravos sobre os franceses em pleno auge do período napoleônico, a complexa evolução política, a riqueza e a pobreza do Haiti. A intensidade da vida profissional e os eventos reforçaram a percepção da importância da solidariedade e da empatia pelos mais necessitados e vulneráveis, a importância da boa administração pública e da redução da desigualdade social. Aquela situação é idêntica à existente em muitas partes do Brasil.

Quatro anos mais tarde, em 2013, também de maneira inesperada, fui comandar as tropas da ONU na República Democrática do Congo, o antigo Congo Belga, depois Zaire, no auge do conflito do governo com um dos grupos rebeldes mais fortes já organizados na história do país, na fronteira com Ruanda, no coração da África. Por dois anos e seis meses fiquei no centro do ambiente onde ocorreu o genocídio dos tutsis e hutus pelos hutus em 1994 e os outros massacres que se seguem até os dias atuais. Existem inúmeros relatos de tragédias no coração da África. Um deles é o *Mapping Report* – disponível na internet em inglês e francês, que investigou detalhadamente a violência por um período de dez anos

(1993–2003), mas não gerou nenhum processo no Tribunal Penal Internacional.

Não se sabe exatamente quantos morreram naquela região, em atrocidades e conflitos, nos últimos 27 anos. Se foram 5 ou 6 milhões de pessoas. Essa diferença não é somente de números. Isso significa a perda da dimensão humana do problema: a morte de 1 milhão de pessoas não pode ser apenas uma referência estatística. Considerando um período de aproximadamente 100 dias, em 1994, foram assassinadas cerca de 800 mil pessoas, aproximadamente 500 mil tutsis e 300 mil hutus que não queriam participar do genocídio de seus vizinhos simplesmente por pertencerem a outro grupo étnico. Após dois anos e meio na África, também vieram comigo as marcas ainda muito visíveis de uma história triste e de violência por cerca de cinco séculos.

A história naquela região, com inimagináveis sofrimentos durante cerca de 350 anos de escravidão e 80 anos de colonialismo (escravidão com outro nome), deixou feridas ainda abertas e criou uma cultura de violência. Ali são visíveis as consequências do sofrimento humano, da violência desmedida e da falta de responsabilização política. Chefes rebeldes arrastam jovens e crianças sem expectativa de futuro, pelo convencimento ou pela força, para suas aventuras políticas. Nos combates morrem crianças e jovens, todos de origem muito pobre, cooptados por ambiciosos políticos irresponsáveis.

A primeira vez em que estive no continente africano foi há onze anos, integrando uma pequena delegação como conselheiro do Banco Mundial, para elaborar o Relatório de Desenvolvimento Mundial 2011 (*World Development Report 2011*). A reunião foi em Adis Abeba, Etiópia, sede da União Africana (UA), aproveitando uma reunião daquela organização. Nós éramos quatro ou cinco a falar e cada um teria cerca de 10 minutos para dirigir a palavra aos presentes na reunião que, além dos dirigentes dos países africanos, tinha a presença dos embaixadores na Etiópia e na UA. Fomos avisados da oportunidade de usar a palavra alguns minutos antes da reunião.

O foco da minha fala foi instar as autoridades a não mais falar em democracia, mas traduzir em ações o que é democracia, pois quando se fala em democracia as pessoas pensam que vão chegar em casa, ligar o interruptor e a luz vai acender; que vão necessitar de atendimento de saúde e haverá médicos, enfermeiros e medicamentos; que ao abrirem a torneira, haverá água; que terão moradia e alimentação, acesso à Justiça, respeito e dignidade. E que, a cada manhã, irão para o trabalho e os filhos irão para a escola.

Nas andanças pelo Brasil e pelo mundo, dos locais mais desenvolvidos aos mais miseráveis, algumas conclusões são muito simples e óbvias: todos são iguais, todos têm que ser iguais na consideração, na dignidade, no respeito e no acesso a oportunidades. Todos têm as mesmas necessidades e as mesmas aspirações. Todos querem e necessitam das mesmas coisas.

Sem considerar as definições clássicas, acadêmicas, já ouvi algumas ideias sobre democracia além daquela mais conhecida como "o regime do povo, pelo povo e para o povo". Entre elas, a observação de que democracia é um processo social, um fenômeno de classe média e daí a sua dificuldade de definição. Assim, mais sólida é a democracia de um país quanto mais robusta, concreta e estável é sua classe média e menores as desigualdades sociais e os privilégios.

A falta de responsabilização política é muito presente também em nosso país. Partindo de qualquer lugar no Brasil não é necessário ir longe para ver a miséria e a irresponsabilidade histórica do Estado e de governantes. A desigualdade social e o sofrimento humano podem ser aliviados imensamente se a prioridade for dada para a prestação de serviço público de qualidade, para o combate eficaz à corrupção e à eliminação de privilégios. Tudo em contraste com a fartura, a riqueza e os recursos existentes no nosso país.

Em 2018, como em todas as eleições, foram renovadas as esperanças em um novo caminho para o Brasil na política, na união nacional, na administração pública. No entanto, vivemos mais uma frustração, com o país se perdendo na desunião, na falta de liderança, na manipulação da opinião pública, na prática política condenável, na descrença e no desprestígio das instituições e nos riscos à democracia, à paz social e ao desenvolvimento.

Em todos os cantos do mundo, a cada eleição e em cada discurso em que a palavra democracia é mencionada, as pessoas renovam suas esperanças, desejando as mesmas coisas: água, alimentação, saúde, trabalho, educação, habitação, justiça, respeito e dignidade.

A democracia tem que ser traduzida em ações que produzam tudo o que se refere às necessidades básicas, à dignidade e ao respeito. E isso não é só na África, no Caribe ou na Ásia. Isso se aplica perfeitamente, na sua totalidade, ao Brasil.

Acredito que existem, entre as lideranças que despontam no cenário político brasileiro, pessoas capazes de promover a união nacional, o diálogo, a mobilização das energias da sociedade em torno de um projeto de construção de um Brasil melhor para nós, nossos filhos e netos.

Espero que as ideias a seguir possam contribuir para isso.

# 1.

# DEMOCRACIA – O APERFEIÇOAMENTO DAS INSTITUIÇÕES

O ideal democrático é tão forte que é usado até por aqueles que não têm nenhuma característica democrática, pelos que não sabem o significado da palavra, por demagogos, por corruptos, tiranos e outros tipos de criminosos, políticos ou não.

Os governantes são servidores públicos. Seus interesses pessoais, familiares e partidários não podem estar acima dos interesses da coletividade.

A ideia de democracia é poderosa. Ela é capaz de mobilizar emoções e expectativas. Em consequência, ela é inúmeras vezes utilizada de maneira demagógica para enfeitiçar a população e os eleitores. Ela é utilizada sem pudor por aventureiros e políticos irresponsáveis e inconsequentes.

É mais palpável e justo compreender e praticar a democracia tendo em vista seus atributos e seus resultados.

Em termos práticos, somente instituições sólidas garantem os atributos da democracia: liberdade de expressão, independência dos poderes (Executivo, Legislativo e Judiciário), funcionamento das instituições, acesso à Justiça, igualdade de oportunidades, convivência social, tolerância, respeito, transparência, eleições periódicas e alternância de poder, entre outros.

Para os cidadãos, a democracia precisa ser traduzida em melhoria das condições de vida, transmissão de valores, respeito e dignidade.

Mesmo os líderes mais destacados são passageiros e é preciso assegurar que seu legado permaneça. A história tem mostrado que os estadistas são raros. Na maioria das vezes, as sociedades são governadas por políticos limitados, que representam e defendem os interesses de uma parcela de suas populações e, às vezes, seus interesses pessoais. Por isso, é preciso que as instituições sejam fortes, estejam em permanente aperfeiçoamento e acima das pessoas.

Para concretizar seus objetivos, aventureiros e demagogos precisam enfraquecer as instituições. Infelizmente, hoje identificamos muitas atitudes que têm exatamente esse objetivo – desmoralizar as instituições. Governos extremistas retiram recursos de todas as áreas – saúde, educação, desenvolvimento, por exemplo – e direcionam para canais em que a corrupção possa ser praticada. Em retroalimentação, parte dos recursos desviados é devolvido a agentes estatais para reforçarem a sua permanência no poder, o seu o enriquecimento pessoal, ampliando a deterioração das instituições. Artimanhas orçamentárias são estruturadas para poder comprar o apoio político, facilitar o acesso aos recursos públicos e dificultar o controle social, o trabalho policial e dos órgãos de controle.

Instituições sólidas são obstáculos às aventuras e aos desvios pessoais. Em um país onde a Justiça, o Congresso, o controle social, os órgãos de controle e policiais, o sistema financeiro e a transparência funcionam de modo efetivo, não há chance para demagogos, aventureiros e "salvadores da pátria".

DEMOCRACIA NA PRÁTICA

O mensalão, o petrolão, o "toma-lá-dá-cá", o tratoraço, o orçamento paralelo, o orçamento secreto (mensalão de última geração), entre outras artimanhas, criam condições para o mau uso do dinheiro público e corroem a democracia justamente por deteriorarem as instituições. Quando um poder compra ou oprime o outro, a democracia fica fragilizada, pois deixa de existir a independência dos poderes, que é um de seus pilares. Não se deve permitir que corruptos, demagogos, "salvadores da pátria" e aventureiros de toda ordem comprometam o futuro de uma nação. O extremismo, o fanatismo, a intolerância, a desinformação, a mentira, as *fake news,* a fragilização das liberdades individuais, tudo isso destrói a democracia.

Em um país com poderes independentes e harmônicos, a população dispõe de critérios para escolher as autoridades que vão elaborar suas leis, aplicá-las, avaliar e responsabilizar os agentes pelos resultados alcançados. Essa escolha de representantes do povo deve considerar cidadãos que tenham espírito público e entendam os problemas da sociedade, em vez de aventureiros em busca de privilégios

O Ministério Público, os órgãos policiais e de controle (receitas federal, estaduais e municipais, Tribunal de Contas da União – TCU, Ministério Público, Controladoria Geral da União – CGU, Polícia Federal, Polícia Rodoviária Federal, etc.) devem funcionar de maneira coordenada e precisam possuir autonomia.

Infelizmente, já faz um bom tempo, temos assistido muitos desgastes de algumas instituições do Estado brasileiro. É possível perceber esse desgaste em diversas instituições, em determinados momentos e incidentes: Ministérios da Saúde, Educação, Relações Exteriores, Meio Ambiente, e até mesmo na Defesa, entre outras.

Em passado recente, assistimos ao desmonte da Operação Lava Jato, que trouxe esperança para a população de que era possível combater a corrupção no Brasil, apesar dos privilégios e do funcionamento deficiente do Judiciário. Até mesmo as Forças Armadas, que possuem uma sólida relação de confiança com a sociedade brasileira, vêm se desgastando pelas tentativas de serem utilizadas como instrumento de pressão e de intimidação política para facilitar objetivos pessoais e de grupos.

O desgaste das instituições é a própria deterioração da democracia. E isso pode produzir violência, injustiça, desigualdade e autoritarismo.

O povo brasileiro e as autoridades precisam lutar para que os Poderes e as instituições sejam independentes, autônomas e harmônicas. Também devem lutar para restaurar plenamente o respeito pessoal, funcional e institucional. É necessário estabelecer mecanismos de aperfeiçoamento das instituições, da transparência, da publicidade e da responsabilização administrativa e política.

# 2.

# A DIFÍCIL CAMINHADA DEMOCRÁTICA

A democracia é o único regime de governo admissível para o Brasil. O presidencialismo, o parlamentarismo e outros sistemas de governos possuem algumas diferenças entre si, mas existem características comuns como eleições periódicas, pluralidade partidária, liberdade de opinião e de imprensa, garantia da existência da oposição política, transparência na administração pública, entre outros. Para dar consistência e solidez ao governo "do povo, pelo povo e para o povo", a democracia se ampara em uma classe média robusta, no aperfeiçoamento constante das instituições, na independência dos poderes e na união nacional em torno de objetivos comuns, com as discordâncias acontecendo em ambiente de respeito mútuo.

No ambiente democrático, as divergências são normais e mesmo desejáveis, pois permitem enxergar os problemas por diferentes perspectivas. O importante é que haja diálogo, respeito e instituições fortes que permitam resolvê-las sem violência, em prol do interesse coletivo. A democracia possui um equilíbrio que é baseado na dinâmica de um permanente jogo de forças entre todos os Poderes e os núcleos de influência da sociedade.

Existem muitos fatores que podem destruir a democracia. A lista é longa. Alguns deles são a demagogia, a corrupção, o populismo e o ativismo político dentro das instituições, a falta de independência dos poderes, o extremismo, o fanatismo, o maniqueísmo (amigo x inimigo, direita x esquerda etc.), e quando se promove o aparelhamento das instituições, os conchavos e as manobras orçamentárias para facilitar acesso ao dinheiro público, o "toma-lá-dá-cá", o mensalão, os "orçamentos secretos", o foro privilegiado para um grupo seleto de agentes públicos, a desigualdade social e os privilégios, a falta de responsabilização das autoridades por seus atos, etc. Nada disso pode continuar a existir se quisermos livrar a sociedade brasileira do flagelo da corrupção e aperfeiçoar a nossa democracia.

O Partido dos Trabalhadores e seus agregados tiveram a oportunidade de governar por quatro mandatos (2003 a 2018), encerrando o período com um enorme desgaste por causa de escândalos de corrupção, má aplicação do dinheiro público e demagogia socialista. É importante o PT admitir e corrigir seus erros. Não podemos aceitar que esse tipo de comportamento volte a prevalecer em nossa sociedade.

O sentimento anti-PT, em boa parte criado pelo próprio PT, trouxe ao poder o governo atual. Como todo novo governo, este chegou com legitimidade, apoio e esperança. No entanto, infelizmente, o Brasil enfrenta mais um projeto de populismo, de poder pessoal e de um grupo restrito, permanentemente tentando substituir a falta de capacidade por um show de mídia irresponsável e inconsequente, enfraquecendo o combate à corrupção com ações contrárias às promessas de campanha e com associações a grupos que ele mesmo, demagogicamente, criminalizava durante suas "promessas'" eleitoreiras. O Brasil vive um caso de traição, de frustração eleitoral.

DEMOCRACIA NA PRÁTICA

O Brasil é vítima de mais uma "esperteza", de uma vigarice política, de mais um político que falou em campanha tudo o que a sociedade queria ouvir. Nada de novo. Por exemplo, apesar da fala de campanha contra a reeleição, o que se vê é um projeto de poder pessoal e de um pequeno grupo interessado em permanecer no poder a qualquer preço, desde o primeiro dia de mandato, com os parâmetros da democracia progressivamente abandonados e substituídos por um populismo baseado no fanatismo.

O país vive mais uma eleição. A polarização política só interessa aos extremistas, pois todos eles têm comportamentos semelhantes e o mesmo objetivo – o poder. **O projeto de extremistas não é de Brasil**! Os extremos são irmãos siameses, cada um interessado em viabilizar seu próprio projeto. Um depende do outro.

A sociedade brasileira precisa se desvencilhar de várias armadilhas: polarização, oportunismo, populismo, fanatismo e maniqueísmo. É necessário ficar livre da ignorância, da boçalidade, da fanfarronice e do nível rasteiro e medíocre que constrange a sociedade brasileira e o Brasil no cenário internacional. Precisamos retomar o caminho, naturalmente difícil, do aperfeiçoamento das nossas instituições. Precisamos promover a união, a paz social, resolver os graves problemas da pobreza, especialmente da pobreza extrema. Precisamos combater a corrupção, a desigualdade e os privilégios, estimular o respeito mútuo nas disputas e nas discordâncias, promover o diálogo e a discussão de ideias.

Em nenhum lugar do mundo foi possível construir uma nação digna e democrática por passe de mágica. Não precisamos de "salvadores da pátria". Precisamos de trabalho e perseverança para caminhar na direção certa. É um trabalho constante, que exige respeito mútuo e o reconhecimento de que cada um de nós tem uma parcela de responsabilidade pela construção de um país melhor para nossos filhos e netos.

O Brasil precisa resgatar a sua caminhada democrática. Precisamos traduzir democracia em alimentação, água, emprego, habitação, saúde, educação, justiça, respeito e dignidade.

# 3.

# A INSENSATEZ DO SALVADOR DA PÁTRIA

U m país vive de trabalho e não de "salvadores da pátria".

Em pleno século XXI, no nosso país, extremistas de "direita e esquerda" remontam ao contexto da Guerra Fria para justificar suas ações radicais. E isso não é de hoje, embora o grupo que ocupa o poder recorra a essa tática mais frequentemente. A divisão entre amigos e inimigos, bons e maus, comunistas e neoliberais, brancos e pretos, pobres e ricos (expandindo a inicial burgueses x proletários), entre outras, é um raciocínio binário e é proposital. É o método utilizado por extremistas, independente de sua natureza de "direita ou esquerda", para dividir, manipular a sociedade, chegar ao poder e nele se manter.

Esse raciocínio simplista facilita a manipulação da opinião pública por meio de meias-verdades, desinformação, mentiras ou notícias falsas (atualmente popularizadas como "*fake news*") e teorias da conspiração. Apesar de ainda existirem seguidores de um comunismo anacrônico, esses serão neutralizados, rejeitados pela sociedade, pelo desenvolvimento e pelo progresso. Alguns extremistas, por conveniência política, falam do perigo de o Brasil estar correndo o risco do comunismo de 60 ou 70 anos atrás, como se isso fosse possível atualmente. Isso facilita manipular a população e classificar todos os adversários políticos como "comunistas, inimigos da pátria, neoliberais, globalistas etc.", exatamente no mais puro estilo usado desde o bolchevismo.

Dessa forma fica mais fácil desinformar, amedrontar e manipular a opinião pública. Qualquer um que apresente a mínima discordância do grupo que deseja se fixar no poder é considerado inimigo. Por oposição, os amigos são os que apoiam incondicionalmente quem está no poder. Esse comportamento é a redução do país à mediocridade. E isso acontece da mesma maneira quando o poder está nas mãos de extremistas, sejam eles "de direita ou de esquerda". Esses são termos ultrapassados que já não definem os atributos de que precisamos para resolver os problemas do Brasil. No entanto, mesmo ultrapassados, são utilizados porque simplificam e limitam o debate.

No contexto do radicalismo não existem discussões de ideias. As disputas se concentram nos ataques pessoais. Os símbolos nacionais (cores verde e amarelo, a bandeira nacional, o hino, etc.) e algumas ideias e *slogans* são sequestrados por pessoas e grupos específicos que se intitulam "conservadores, patriotas, de direita, nacionalistas, etc."

Desenhado o cenário caótico de que o Brasil se encontra à beira do abismo, mais uma vez é reforçado o fanatismo, a teoria da conspiração e a idolatria da figura do salvador da pátria, ou melhor, de salvadores da pátria. Só ele, o salvador, é capaz de evitar que o Brasil caia no abismo. Isso facilita o desvio do foco dos assuntos importantes, perpetuando justificativas de antigas práticas políticas condenáveis: "toma lá-dá-cá", mensalões, corrupção e desvio de dinheiro público, falta de capacidade administrativa, desrespeitos de toda ordem, destruição das instituições, projeto totalitário, ações antidemocráticas, etc., tudo em nome da "salvação da pátria". Mas a maior ameaça à pátria vem justamente desse processo que semeia a divisão da sociedade, promove o fanatismo, o crime e a violência. Nenhuma sociedade pode se desenvolver dessa forma.

Para os fanáticos, os fins justificam os meios e a banalização do desrespeito, do crime e da violência. Para eles, vale tudo. Os fanáticos, com comportamento de seita, investem em um projeto pessoal e, uma vez que não têm projetos para o país, precisam mobilizar as emoções dos eleitores para apresentar "soluções" para problemas reais ou imaginários, da forma que lhes convêm.

Os brasileiros querem e precisam daquilo que todos os cidadãos desejam no mundo: alimentação, saúde, educação, moradia, trabalho, segurança e dignidade. As pessoas necessitam de oportunidades para melhorar suas vidas. Um país vive de trabalho, de política séria, de administração pública e não de shows e conflito político permanente.

O Brasil não deve continuar a insensatez de buscar o "salvador da pátria". Essa ideia, assim como o fanatismo, precisa ser repudiada. O país precisa de **LIDERANÇA, RESPEITO e UNIÃO**. A evolução do país e o aperfeiçoamento da democracia passam pela neutralização de extremistas e pela convivência civilizada dos cidadãos, das instituições e de todo os representantes do espectro político, além da transparência absoluta na administração pública, da eliminação dos privilégios, do aperfeiçoamento institucional, da redução da pobreza e da desigualdade social e do auxílio aos necessitados.

Para enfrentar seus problemas, o Brasil precisa de união, de planejamento, de boas políticas públicas e não de divisão, fanatismo e espetáculo. O país precisa de liderança em todos os níveis e de trabalho para os cidadãos. E liderança não é idolatria. O Brasil precisa de paz social, respeito pessoal, funcional e institucional, aplicação da lei e de uma Justiça que funcione para todos da mesma forma.

O Brasil não pode seguir a cartilha do bolchevismo, stalinismo, maoísmo, fascismo, nazismo, castrismo e outros "ismos". Não podem se juntar a essa lista o bolsonarismo e o lulismo, por conta de extremistas. Essa consideração não se aplica aos eleitores normais, que têm as suas preferências e convicções de acordo com o direito e a liberdade individual de escolha. Para evitar essa armadilha, é preciso manter a liberdade absoluta de opinião, ao mesmo tempo em que deve ser aplicada a responsabilização pelos crimes previstos em lei. Os recursos disponíveis para comunicação e publicidade, em especial nas mídias sociais, não aboliram o que está previsto no Código Penal. Liberdade de expressão não é impunidade nem direito à irresponsabilidade.

A imprensa, as instituições, o Ministério Público, o Judiciário, o Legislativo, a sociedade como um todo, precisam estar sempre vigilantes e, no caso de exploração do maniqueísmo, do extremismo e do personalismo, precisam atuar para restabelecer o equilíbrio.

O Brasil precisa de um PROJETO NACIONAL, de seguir princípios e não de "salvadores da pátria".

# 4.

# FANATISMO, VIOLÊNCIA E MEDIOCRIDADE

O Brasil vive um momento de desequilíbrio no comportamento político e social. A divisão social já vinha sendo estimulada e promovida pelas ideias de direita x esquerda, coxinha x mortadela, rico x pobre, branco x preto, norte x sul, hétero x gay etc. Essas divisões dificultam a necessária paz social, sugam a energia da população, tornam a vida mais difícil e mais precários os relacionamentos pessoal e institucional.

Em campanhas políticas, em véspera de eleições, é compreensível que exista aumento de tensões entre os participantes da disputa eleitoral. Mas após as eleições o país precisa voltar à calma, estar unido para enfrentar os problemas, produzir e fomentar o seu desenvolvimento.

Infelizmente, após as eleições de 2018, o caminho não foi de união; foi o contrário. A divisão social já existente foi aprofundada e o fanatismo estimulado. O presidente eleito continuou em campanha eleitoral. A fixação da ideia de reeleição tomou força como projeto de poder desde o início. As palavras de campanha foram esquecidas e o fanatismo se instalou em uma parte da sociedade. Um grupo de extremistas medíocres conquistou a influência no poder e no comportamento político.

Projetos de poder pessoal, familiar e de grupos com comportamento de seita não podem ser aceitos por uma sociedade. A manipulação da opinião pública e a sobrevivência política pelo fanatismo não pode se tornar rotina. O governo não pode tentar mascarar a falta de capacidade política e administrativa por uma espetacularização constante, por um show de mídia que necessariamente precisa ser semanal e até diário, se possível. Isso desvia a atenção do que é importante e alimenta o fanatismo, que se alimenta de si mesmo.

O fanatismo não é racional. Para se manter, vale tudo. O país vive intoxicado de notícias falsas (*fake news*), desinformação, fanfarronice, campanha eleitoral incessante, politização excessiva, ativismo político (que já era intenso anteriormente) em diversas áreas, estado de conflito permanente entre pessoas e instituições, deterioração institucional, **total falta de projeto de país** e uma variedade de crimes por meio das mídias sociais.

O fanatismo caminha junto com o crime e SEMPRE termina em violência. Se não for violência generalizada, ao menos ela ocorre em casos pontuais.

O Brasil, atualmente, apresenta considerável risco de violência com origem no fanatismo político. A sociedade brasileira não pode se reduzir à mediocridade de ser manipulada por uma verdadeira seita de oportunistas com projeto de poder pessoal, familiar e de grupos.

O ambiente de fanatismo e de violência de origem política é estimulado e explorado por políticos irresponsáveis, de maneira consciente, pois mundialmente existe um baixíssimo nível de responsabilização política e no Brasil não é diferente. Raramente autoridades são responsabilizadas legalmente por suas atitudes inconsequentes, ações e omissões.

Um país precisa enfrentar seus problemas com união ou fica sem solução. Um país não pode viver de fanatismo. O fanatismo precisa ser repudiado veementemente pela sociedade. A prevenção contra essa doença social é a aplicação da lei e o exemplo de líderes equilibrados.

A sociedade precisa mobilizar-se contra o extremismo mediante a aplicação da lei de maneira oportuna, rápida e justa.

O Brasil não pode vacilar na aplicação da lei.

# 5.

# A CARTILHA DO TOTALITARISMO – O BRASIL NÃO PODE SEGUIR ESSES PASSOS

Um dos atributos da democracia é garantir as liberdades individuais, que precisam ser protegidas permanentemente contra as investidas do totalitarismo. Essa proteção se faz através da observação, do alerta à sociedade e da responsabilização das atitudes ilegais.

Ao longo da história, existem vários exemplos de totalitarismo, de modelos de extremismos, todos seguindo os mesmos passos:

1 – **Divisão simplista da sociedade** em dois grupos antagônicos – amigo x inimigo, branco x preto, etnia A x etnia B, coxinha x mortadela, nacionalismo x globalismo, etc. Isso é um raciocínio binário, normalmente imposto para limitar a análise, estimular o fanatismo, manipular a opinião pública e manter o poder.

2 – **Assassinato de reputações** – As discussões de ideias são substituídas por ataques pessoais. O objetivo é destruir pessoas e não debater ideias. O que importa é o projeto de poder e não a construção social. Nos ataques pessoais valem todos os recursos, incluindo crimes como calúnia, difamação, injúria, ou mesmo qualquer outro tipo de

crime. Isso reduz o comportamento ao mais baixo nível possível, favorecendo o comportamento de gangues e milícias, atualmente ocupando o ambiente virtual. A possibilidade do anonimato, explorando a tecnologia e as redes sociais, facilita a irresponsabilidade, o crime e a covardia.

3 – **A mentira, a desinformação, as notícias falsas (*fake news*), a fanfarronice, a inversão de valores e a distorção de fatos** – tudo é usado para atingir os objetivos de poder, desde os ataques pessoais até a manipulação da opinião pública.

4 – **O culto à personalidade** da figura central do grupo que se beneficia do poder, a criação de mitos, tabus, inimigos, é parte da manipulação. Quanto mais baixo o nível do grupo, mais ele luta pela manutenção da figura central no poder, pois disso depende a sua própria sobrevivência. Um sistema de privilégios, corrupção e acesso a recursos públicos incentiva esse comportamento.

5 – **O aparelhamento das instituições** é o último passo na busca pelo totalitarismo, quebrando sua solidez, independência e autonomia, colocando em cargos de chefia pessoas dispostas à subserviência ao poder.

Esses passos foram seguidos em todos os sistemas totalitários. Qualquer semelhança com o que se vê no Brasil não é mera coincidência. O Brasil não pode seguir esse modelo. A sociedade brasileira não pode assistir passivamente ao avanço dessa marcha. A livre expressão do pensamento não autoriza ninguém a proferir mentiras, difamar, caluniar, trapacear ou agredir seus concidadãos. A existência de

DEMOCRACIA NA PRÁTICA

mídias sociais não exime ninguém de responder pelos crimes previstos em lei que porventura tenha cometido. As facilidades tecnológicas que servem à comunicação não aboliram o Código Penal e devem ser usadas ainda com maior senso de responsabilidade.

A sociedade, a imprensa, as instituições de Estado, o Ministério Público, o Poder Judiciário, o Legislativo precisam estar sempre atentos para preservar a liberdade e lutar contra os passos dados de acordo com essa "doutrina" totalitária.

A aplicação da lei é cada vez mais importante.

# 6.

# (IN)SEGURANÇA PÚBLICA

A irresponsabilidade histórica de governos trouxe o país para uma situação caótica na Segurança Pública. No Brasil, uma pessoa é assassinada a cada 10 minutos. Em 2020, por exemplo, mesmo com alguma melhora em relação aos anos anteriores, foram quase 48.000 homicídios. Entre as vítimas, 198 policiais foram assassinados, sendo 140 de folga e 58 durante suas atividades de serviço. Essa situação é inaceitável. Não podemos aceitar tantas mortes por ações criminosas e a banalização da violência, mesmo considerando que um alto percentual das vidas perdidas – cerca de 80% –, estava ligado ao crime, como disputas de gangues, por exemplo. Nesse contexto, 5.660 pessoas foram mortas em conflito com as forças policiais.

Policiais são assassinados durante suas atividades de trabalho com muita frequência. Muitos morrem em confrontos durante seus dias de folga, seja porque estão trabalhando em outros lugares para complementar seus orçamentos domésticos, seja por perseguição de grupos organizados, seja porque são vítimas de crimes comuns ou são assassinados simplesmente por serem policiais (da ativa ou aposentados). Transeuntes inocentes, homens, mulheres e crianças, também perdem a vida em meio a confrontos entre criminosos e policiais, em cenas que se assemelham a teatros de guerra. Não podemos continuar a conviver com tal situação.

Os índices de crimes de homicídio, contra o patrimônio e de violência de toda ordem evidenciam a existência de uma cultura de violência em alguns locais e situações específicas, bem como a aposta na impunidade e na ousadia do crime organizado, que, em alguns locais, se impõe sobre o Estado. O tráfico de drogas, o contrabando de armas, o sequestro e o tráfico de seres humanos, entre outros crimes, transformam a população, em algumas áreas, em refém do banditismo. Desassistidos pelo Estado, os brasileiros são estimulados a se armar, como se pudessem, por conta própria, prover a própria segurança, dispensando o Estado da responsabilidade de prover segurança pública. Isso é, ao mesmo tempo, populismo, demagogia, irresponsabilidade, covardia funcional e desinformação sobre a responsabilidade do Estado.

O comércio, a aquisição e o porte de arma pelos cidadãos existem e são regulados de acordo com a lei. O assunto está ligado ao direito de defesa da pessoa e da propriedade, à liberdade e ao direito individual. Isso não é um assunto ligado à **Segurança Pública, que é um dever do Estado e um direito do cidadão.**

Só um governante irresponsável, ignorante e mal-intencionado considera que armar os cidadãos é uma opção de segurança pública. O governo precisa apresentar à sociedade, de modo prático, o Plano Nacional de Segurança Pública e liderar sua execução através de um Plano de Ação, em coordenação com estados e municípios.

Também é absurdo um governante que considera que armar os cidadãos é importante como opção política. Isso é total irresponsabilidade e inconsequência.

A integração de esforços nos níveis federal, estadual e municipal é fundamental para combater o crime organizado, já que as redes criminosas são interestaduais, nacionais e internacionais. A liderança do governo federal é crucial para promover a integração do Executivo, Legislativo, Judiciário e Ministério Público. As guardas municipais também precisam ser completamente integradas no contexto da Segurança Pública, pois, junto com as polícias civil e militar, são os elementos mais próximos à realidade do dia a dia dos cidadãos.

O Estado precisa combater continuamente todas as formas de crime organizado e institucionalizado: tráfico de drogas, gangues, milícias, tráfico de armas e de pessoas, lavagem de dinheiro, fraude e corrupção. Não tem sido dada a devida importância para as consequências e as ligações da corrupção com as outras formas de crime organizado e com a deterioração da segurança pública. A corrupção é um crime que necessariamente envolve dinheiro público e ninguém consegue roubar dinheiro público atuando sozinho. Por isso, a **CORRUPÇÃO SEMPRE É CRIME ORGANIZADO**.

O combate sistemático à corrupção precisa SEMPRE começar por cima. Quando há corrupção nos órgãos mais elevados, às vezes no próprio nível de governo e de fiscalização, a consequência é a deterioração da capacidade do Estado até o final da linha. Não é possível ter corrupção na parte superior e ter comportamento exemplar na base do sistema, onde estão os elementos policiais e de fiscalização.

É importante o engajamento de todos os atores para aperfeiçoar a legislação, acabar com os privilégios e exploração imoral do foro privilegiado, afastar a influência política indevida e impedir o aparelhamento político-ideológico das instituições. É preciso fazer as reformas necessárias, incluindo o Poder Judiciário, para que todo o sistema seja mais eficiente, todas as ações sejam mais ágeis e a execução penal seja aperfeiçoada, evitando o alto grau de impunidade que existe no Brasil.

Um estudo feito pela Fundação Getúlio Vargas (FGV) mostrou que entre 2011 e março de 2016, de 404 ações penais de quem tem foro privilegiado, 276 (68%) prescreveram ou foram repassadas para instâncias inferiores porque a autoridade deixou o cargo. A condenação ocorreu em 0,74% dos casos. Ainda com dados relativos a 2017, em dois anos, 830 processos foram arquivados no STJ e 116 no STF. Sem entrar no mérito dos arquivamentos e prescrições, os números transmitem à sociedade uma sensação muito negativa de impunidade.

Combater o crime organizado também implica em atuar sobre a economia do crime e aprimorar o sistema processual em três vertentes:

(1) **velocidade da aplicação da pena** (justiça tardia não é justiça) – Os criminosos precisam saber que o processo judicial será ágil o suficiente para condená-lo rapidamente. E aqui se inclui a previsão de prisão a partir de condenação em 2ª instância;

(2) **acabar com a impunidade** – O criminoso precisa ter a certeza da punição. Por exemplo, no Brasil, apenas cerca de 5% dos homicídios sem prisão em flagrante são solucionados; existem inúmeros casos de processos com grande número de recursos e até de demora de mais de vinte anos pós a sentença para o início do cumprimento da pena.

(3) **execução da pena** – há necessidade de ajustes na execução penal para que o criminoso não seja "preso em um dia e solto no outro", e até mesmo para definir casos que não concorram à progressão da pena, como os crimes de corrupção e os hediondos, por exemplo.

As instituições policiais e de controle precisam ser independentes, isoladas da influência política, com autonomia para exercer suas atividades. As instituições precisam ser estáveis. Não é possível admitir que organizações com gente capacitada e alto potencial operacional sejam submetidas a modificações funcionais constantes, em uma frequência absurda, de trocar pessoas nos cargos de chefia, de superintendentes, de setores internos, de encarregados de inquérito. Isso mostra a clara tentativa de influência política. Essa prática de aparelhamento político-ideológico das instituições precisa ser combatida. Isso é a desmoralização, fragilização e destruição das instituições. Essas instituições precisam de autonomia para executar seus trabalhos e não podem ser aparelhadas politicamente.

É necessário garantir orçamento regular, investir no profissionalismo, discutir e aprovar leis orgânicas para polícias militares, policiais civis, bombeiros militares, peritos e guardas municipais. É fundamental a INTEGRAÇÃO e o compartilhamento de informações entre os estados, entre os diversos órgãos que compõem a Segurança Pública e também entre atores privados.

Alguns problemas locais e pontuais podem ser resolvidos isoladamente. No entanto, os complexos problemas existentes na Segurança Pública só poderão ser resolvidos ou mais bem equacionados quando o Governo Federal liderar o processo e contar com a adesão dos poderes Executivo, Legislativo, Judiciário e do Ministério Público. A responsabilidade de liderar o processo em âmbito nacional, estadual e municipal é do Poder Executivo.

O Sistema Unificado de Segurança Pública (SUSP) é uma evolução positiva, mas ainda precisa produzir resultados práticos e consistentes.

# 7.

# CORRUPÇÃO – O CÂNCER BRASILEIRO

A existência enraizada da corrupção no Brasil dispensa qualquer forma de apresentação. Ela é uma realidade escancarada na vida nacional, em todas as áreas, inclusive naquelas com finalidade legal de combater, investigar e julgar o roubo do dinheiro público, pois o contexto é único. E o ambiente é de corrupção endêmica, de câncer com metástase.

O crime de corrupção é inerente ao dinheiro público. Ninguém consegue roubar dinheiro público sozinho. Por isso a corrupção sempre é crime organizado. A corrupção estabelece conexões e torna complexos os ambientes onde ela é praticada. É fundamental que se estude as ligações da corrupção com as outras formas de crime organizado, especialmente a lavagem de dinheiro, e com os demais problemas existentes, particularmente nas áreas da saúde, educação, habitação, sistema previdenciário e infraestrutura. Isso não descarta a atenção a ser dada também em todos os outros setores, como a política, a Segurança Pública, o Judiciário, o Ministério Público, órgãos de controle, economia etc., pois a corrupção atinge a sociedade como um todo.

No entanto, a maioria das pessoas é íntegra e interessada em combater a corrupção. O estrago é feito por poucos, bem colocados na administração pública e nas estruturas de poder. Os prejuízos são para muitos, principalmente para os mais necessitados. A operação Lava Jato mostrou a prática da corrupção dentro das instituições, envolvendo empresas públicas e privadas, partidos políticos, autoridades e órgãos governamentais. Os crimes são praticados por uma minoria e o sofrimento é imposto a uma grande maioria.

Corrupção é um crime essencialmente imoral. As consequências dela são nefastas: falta salário, merenda, material e qualidade na escola; faltam médicos e remédios e morrem pessoas no sistema de saúde; falta trabalho, habitação e segurança. A corrupção dificulta negócios, infraestrutura, investimentos, contratos, atividades comerciais, gera inflação, corrompe e prejudica o funcionamento do sistema de Justiça, do Ministério Público, dos tribunais de contas, das polícias, do processo eleitoral, do comportamento político e da legislação. Ela aprofunda a desigualdade social, permite o enriquecimento com dinheiro público e enfraquece a execução orçamentária pelos ministérios e outros órgãos de governo.

A impunidade e os privilégios caminham juntos na cultura da corrupção. Por conta dos privilégios, os caçadores de dinheiro público procuram as áreas com mais facilidade de acesso aos recursos financeiros e onde estejam mais protegidos pela lei. De preferência, onde possam até mesmo influir na legislação em favor das suas irregularidades e na manipulação dos resultados do devido processo legal.

A política é uma das áreas mais atraentes para os corruptos, pois a eleição não dá direito apenas ao mandato. Ela também dá a "chave do cofre" do dinheiro público, o foro privilegiado e a imunidade (às vezes, na prática, a própria impunidade). A eleição dá a possibilidade e a liberdade para manobras na elaboração do orçamento e na sua execução.

DEMOCRACIA NA PRÁTICA

A sociedade não pode aceitar, se conformar, ser passiva com a corrupção. A cultura do "rouba, mas faz" banalizou o roubo e acostumou a sociedade à tolerância de ilegalidades . A convivência diária cara a cara com a corrupção, os constantes escândalos, o "caradurismo" desavergonhado dos corruptos, tudo isso faz a sociedade ficar sem ação e ser complacente, imaginando que essa condição é inerente ao ser humano. Não é! Isso precisa ser mudado!

O enriquecimento e a ostentação com dinheiro público são imorais, inaceitáveis e, no entanto, bastante comuns. Esse comportamento é parte da concepção de "propriedade" dos recursos públicos por quem tem acesso a eles. É um hábito patrimonialista que a sociedade brasileira equivocadamente cultiva faz séculos. É a dimensão cultural da corrupção. E, por ser cultural, pode ser mudada, apesar das dificuldades. É possível melhorar as práticas de nossa sociedade, valorizando e estimulando os bons comportamentos e condenando o roubo, a fraude e a corrupção. Avançar nessa direção não é fácil, mas é possível. TRANSPARÊNCIA, PUBLICIDADE e CORAGEM são fundamentais.

Não se pode admitir que "a melhor pessoa para ocupar um cargo de confiança é um parente", o nepotismo disfarçado, cruzado, os supersalários, as manobras vergonhosas e inescrupulosas para "furar o teto" da administração, a recusa a divulgar despesas de cartões corporativos, manobras orçamentárias que dificultam a fiscalização, o gasto de milhões de reais na realização de passeios por autoridades e seus séquitos, caprichos e campanhas políticas enquanto não há dinheiro para assistir a parcela da população em necessidade extrema. As negociações cabíveis na política não podem ser confundidas com conchavo, aparelhamento ou "gratidão política" alimentada com dinheiro público.

Foi com desilusão que o Brasil assistiu o desprestígio do Conselho de Controle de Atividades Financeiras (COAF), o desmonte da Operação Lava Jato e a vergonhosa tentativa de difamar aqueles que fizeram um capítulo de esperança do combate à corrupção no Brasil. A sensação é que reina a impunidade e que o crime compensa em nosso país.

O combate à corrupção no Brasil tem que ser um movimento amplo, com o **país unido nesse objetivo**. Um problema dessa dimensão só se vence com união nacional. O combate tem que ser constante, estruturado, com planejamento e liderança. É fundamental a transparência absoluta em todas as ações da administração pública. É necessária a liberdade total de acesso aos dados públicos pelos cidadãos, organizações e imprensa para que se tenha transparência, divulgação e publicidade dos dados.

O exemplo pessoal, funcional e institucional é fundamental na luta contra a corrupção.

É inadmissível a negação dos dados públicos aos cidadãos e à sociedade. A **TRANSPARÊNCIA e a PUBLICIDADE** são fundamentais para inibir a corrupção. Os órgãos de controle e de investigação têm que ser autônomos e independentes. Os agentes públicos de carreira precisam ser valorizados e é preciso reduzir drasticamente as nomeações para cargos comissionados.

É imperioso o aperfeiçoamento nos tribunais de contas, tribunais superiores, em sua constituição, critérios de escolha, tempo de mandato, sistema de nomeações, despolitização etc.

# 8.

# A NECESSIDADE DE LIDERANÇA

É saudável que o Brasil invista na formação e no prestígio de suas lideranças.

A liderança é um item fundamental em qualquer país, grupo social, empresa ou organização caminhar na direção de seus objetivos. Sem liderança não se consegue sequer fixar objetivos claros a serem perseguidos.

Um líder não precisa ser perfeito. A sociedade não está buscando alguém que seja a imagem e semelhança da perfeição. Todos nós, incluindo os políticos e os governantes, somos seres humanos com defeitos e qualidades. O importante é que os líderes sejam honestos, com boas intenções e coragem para tomar decisões em prol da coletividade. A sociedade aceita quem erra ao tentar acertar, desde que tenha a humildade de reconhecer seus erros e a capacidade de corrigir seus próprios rumos, sem demagogia, sem interesse em desfrutar dos benefícios do poder para ele próprio, para si e para seu grupo.

O Brasil não precisa de um super-homem, de um "salvador da pátria", mas sim de cidadãos preparados para as suas funções. A nação precisa de governantes que tenham empatia com os cidadãos e capacidade de agir como uma pessoa normal ciente de suas responsabilidades.

Precisamos de líderes que enfrentem os principais problemas nacionais, como o combate permanente à corrupção (o câncer brasileiro), que promovam a transparência completa, que lutem abertamente contra TODOS os privilégios, que trabalhem para reduzir a desigualdade social; líderes que promovam a união nacional, a paz social, a tolerância, o desenvolvimento econômico, ambiental e social, que estimulem as iniciativas, que amparem os necessitados (alimentação, água, saneamento, moradia, trabalho), que prestem serviço público de qualidade (saúde, educação, segurança, acesso à Justiça). Em síntese, líderes que traduzam a democracia em resultados.

O meio político pode produzir lideranças honestas, comprometidas com os objetivos nacionais. O Brasil precisa de lideranças que se dediquem ao desenvolvimento socioeconômico, ao aperfeiçoamento das instituições e a melhorar sua inserção internacional. Infelizmente, o meio político tem produzido lideranças mais preocupadas em defender seus próprios interesses, os de seus grupos e partidos políticos e em gozar de privilégios. Para alguns, as motivações são o acesso ao dinheiro público para fins particulares e a possível impunidade, já contando com o benefício do foro privilegiado.

O instituto da imunidade e do foro privilegiado surgiu para garantir a liberdade de opinião no ambiente político, para possibilitar o exercício efetivo da liderança e não para proteger indivíduos que cometem crimes. A imunidade funcional não pode ser transformada em impunidade.

Os líderes precisam reagir contra a legalização de imoralidades. A sociedade se sente agredida quando assiste pessoas se beneficiarem de dinheiro público por supersalários e outros benefícios que, apesar de legais, são imorais. Esses benefícios atraem ocupantes de cargos públicos, seja pela via eleitoral, por nomeações e até mesmo por concursos públicos. Quanto maiores os privilégios, mais pessoas mal-intencionadas irão procurar o sistema para nele se abrigar. A percepção é de que alguns procuram os cargos políticos para se beneficiar, principalmente, do foro privilegiado .

Os líderes não podem dar maus exemplos e nem tolerar que outros o façam. Cargos "vitalícios" de nomeação precisam ser revistos e talvez modificados para mandatos temporários. Critérios e perfis precisam ser estabelecidos para nomeações em cargos de tribunais superiores, tribunais de contas estaduais e municipais, entre outros.

Não é possível ver o dinheiro público financiando ex-presidentes passeando no exterior, ex-governadores e ex-parlamentares com benefícios vergonhosos, alguns se aposentando até com apenas alguns dias na função. Não é possível uma autoridade gastar altas somas para aproveitar feriados passeando de moto ou de *jet-ski* em campanha política antecipada, praticando populismo, tudo com dinheiro público. É infindável a lista de imoralidades. A população não pode ficar inerte e aceitar, anestesiada, esse tipo de comportamento.

Existem muitas pessoas dispostas a lutar pelo Brasil. Essa seleção de lideranças é feita por meio do processo eleitoral. A eliminação de privilégios (legais!) precisa ser feita pelo Legislativo, sancionada pelo Executivo e fiscalizada pela sociedade, pelo Ministério Público e pelo Judiciário.

Os cidadãos podem influir na escolha dos ocupantes de cargos no Executivo e no Legislativo através do voto. A sociedade precisa identificar lideranças honestas, que estejam dispostas a abrir mão de seus privilégios. O primeiro passo para a mobilização social é eleger representantes que, em postos de liderança, sejam éticos e deem exemplos construtivos.

O Brasil precisa de um líder que busque resolver os problemas com paz social e união nacional. Um líder comprometido com a redução da fome e da pobreza, com a transparência, com a eliminação de TODOS os privilégios, com a redução da desigualdade social, com o combate permanente à corrupção, com a qualidade do serviço público, com a saúde, a educação e a justiça social.

Os líderes não podem ter medo de assumir responsabilidades. Eles precisam ter coragem para orientar as transformações necessárias na sociedade.

# 9.

# FORÇAS ARMADAS

As Forças Armadas (FA) são instituições nacionais que, assim como as demais instituições de Estado, têm suas funções específicas e devem estar voltadas aos interesses nacionais de longo prazo. Ao mesmo tempo, as FA devem estar permanentemente disponíveis para auxiliar a população quando necessário e participar da execução de políticas públicas.

A defesa territorial, através da presença e da vigilância, é realizada em todo o território nacional. Por causa da imensidão territorial e dos problemas nacionais, as FA também participam de apoio a políticas públicas como saúde, educação, resposta a desastres naturais e formação profissional de jovens. Ao mesmo tempo em que auxiliam a população, as Forças Armadas concentram sua atenção e esforços no seu preparo operacional, na defesa e na segurança do Brasil. Forças Armadas bem-preparadas são fundamentais para a defesa e para a dissuasão de potenciais agressores.

Ao longo da história as FA tiveram protagonismo político, como na conquista e consolidação da Independência, na Guerra da Tríplice Aliança, na Segunda Guerra Mundial, no contexto da Guerra Fria e na luta contra o terrorismo. Com o passar do tempo e o amadurecimento das instituições nacionais e da democracia, é natural que as FA se afastem do jogo de poder e da política partidária. O Brasil já desenvolveu suas instituições e ultrapassou o ponto em que as FA participam do contexto político.

A última participação institucional das FA na política foi no período de 1964 a 1985. O mundo estava sob a tensão da disputa ideológica da Guerra Fria e o Brasil estava alinhado ao Ocidente. Integrados por tecnocratas civis e militares, os governos daquele período atribuíram grande importância ao papel do Estado na economia, ao aumento da classe média e à projeção do país no cenário internacional.

Também houve foco na implementação de um projeto de desenvolvimento socioeconômico baseado na melhoria da infraestrutura e da educação, valorização da ciência e tecnologia e no fortalecimento da indústria nacional. Naquele período, houve um salto econômico, tendo o Brasil passado de quadragésima oitava para oitava economia mundial. Contudo, era necessário restabelecer a normalidade institucional.

Passados cerca de 35 anos do final daquele período, o panorama nacional e internacional é completamente diferente. Já não existem as mesmas disputas ideológicas entre superpotências, o ambiente geopolítico é mais complexo e os desafios para as FA são relativos à capacitação de seus quadros para atuação em conflitos híbridos e desenvolvimento tecnológico com aplicações diversas.

A partir do final do período militar, as FA se mantiveram focadas nas suas funções constitucionais e na profissionalização de seu pessoal. Com apoio às políticas públicas em todos os níveis, as FA construíram um grande prestígio institucional junto à sociedade. As questões de hiperinflação, os *impeachments* dos ex-presidentes Fernando Collor e Dilma Rousseff, os escândalos financeiros, nada disso teve participação das FA.

DEMOCRACIA NA PRÁTICA

A partir de 2019 passou a existir uma investida do chefe do Poder Executivo sobre as FA, com os objetivos de transferir o prestígio das FA para o seu governo em exercício e tentar usá-las, inclusive, como instrumento de intimidação política, como ferramenta de jogo de poder. Um governante não pode ser inconsequente ao ponto de usar as FA para servir aos seus interesses particulares. Isso é consequência de um entendimento político deturpado. Felizmente, as FA possuem uma sólida estrutura de comando, uma forte cultura profissional e não são afetadas por qualquer atitude que possa subverter ou corromper a hierarquia, a disciplina e os valores institucionais.

A exemplo de outras instituições, existem pessoas nas FA que podem exercer funções públicas e auxiliar em um projeto de governo. No entanto, atualmente, a grande quantidade de militares em diversos escalões deforma a representatividade social nos órgãos de governo, especialmente porque o Brasil conta com pessoas de alto nível nos diversos setores sociais. Isso é proposital, a fim de apresentar as FA como instituições comprometidas com o governo e, principalmente, com o governante. Esse é um blefe que a sociedade não pode reconhecer como válido. O resultado disso é o desgaste institucional, atenuado pelo prestígio e pela confiança que a sociedade deposita em suas FA, por causa do seu trabalho profissional de longo prazo.

A tentativa de envolver as FA na rotina política é parte do populismo, da demagogia, da incapacidade política, do despreparo, da irresponsabilidade e da falta de respeito mínimo de valores institucionais.

Estamos assistindo cenas de demagogia populista: um governante subindo em um cavalo de um soldado policial em uma manifestação popular; discursando em uma caçamba de caminhonete na frente do Quartel-General do Exército; fazendo discursos políticos dentro das organizações militares; arrastando um oficial-general da ativa para um palanque político; chamando uma instituição nacional respeitável de "meu exército"; substituindo comandantes militares sem qualquer justificativa razoável mínima, em desrespeito à sociedade, às pessoas e suas funções e às instituições militares .

Em certo momento foi lançada a ideia absurda de que as Forças Armadas teriam respaldo legal para atuarem como "poder moderador". É uma interpretação descabida, de conveniência, pois não existe qualquer amparo legal ou mesmo interpretação moral que justifique a interferência das FA nos demais Poderes.

As FA brasileiras possuem uma cultura de profissionalismo muito sólida. Os militares não confundem a liberdade de suas preferências políticas pessoais, como cidadãos eleitores, com as suas obrigações institucionais. Todos os militares são bem-preparados profissionalmente, desde os comandantes até os soldados. Não é um governante populista que irá quebrar essa cultura profissional.

As Forças Armadas possuem estrutura, cultura institucional, hierarquia e disciplina para resistir a investidas irresponsáveis de fragilização e tentativas de aparelhamento e uso político.

Em toda a escala hierárquica os militares sabem o que é política e o que é compromisso institucional.

Atitudes aventureiras não têm chance contra a cultura militar.

Os comandantes das Forças Armadas e os demais militares têm e precisam ter a mesma grandeza das instituições a que pertencem.

# 10.

# EDUCAÇÃO – A ESPERANÇA

A Educação é a base da solução dos problemas de qualquer país.

É assim no mundo inteiro; no Brasil não será diferente. Oferecer educação escolar fundamental de qualidade é obrigação do Estado. A escola desempenha papel central nesse esforço e tem sua função em conjunto com a educação nos ambientes social e familiar.

A Educação é a esperança e a garantia de um futuro melhor para as pessoas e para a sociedade. Ela é o recurso possível para resolver os problemas dos vícios culturais e da desigualdade social.

Mesmo considerando a limitação de recursos, a Educação tem que ser prioritária. A baixa qualidade na Educação não resulta apenas da falta de recursos. É também por falta de atenção, de gestão e de valorização dos profissionais da Educação. A liderança política deve ser capaz de estimular a sociedade a reconhecer a importância da Educação e de coordenar os esforços nos níveis municipal, estadual e federal.

No Brasil, em especial nas áreas mais carentes, a estrutura de ensino tem que servir como ponto de apoio para alimentação, saúde, esporte e suporte para as famílias. Quanto maior a carência da área, maior deve ser o apoio. É com ensino de qualidade que as pessoas com maior dificuldade irão conseguir condições de competir no mercado de trabalho e melhorar suas condições de vida.

Ao oferecer educação de qualidade, o Estado cumpre seu papel de criar esperança em um futuro melhor, promove a igualdade de oportunidades e elimina os maus exemplos que servem de referência de "sucesso". O Estado tem a obrigação de neutralizar as referências maléficas. E o próprio Estado deve ser uma referência positiva.

A Educação é uma área em que tradicionalmente há pessoas dedicadas, entusiasmadas pela nobreza da sua tarefa. As dificuldades existentes e a maneira como elas são superadas evidenciam a vocação daqueles que se dedicam ao ensino no Brasil. Todos os que trabalham na área de ensino precisam de uma política de valorização salarial, condições de trabalho e destaque social.

As modificações nos métodos educacionais e currículos, a exploração e o ativismo político na área de ensino devem ser discutidas abertamente com os educadores, funcionários, pais e alunos, para promover as modificações necessárias. Os currículos são fundamentais e não podem servir de instrumento de caça de votos ou de interesses de grupos sectários.

A prioridade deve ser dada ao ensino fundamental e ao ensino profissionalizante. É preciso abrir debate sobre o ensino de nível superior, sua gratuidade e seu financiamento. A gratuidade geral e absoluta precisa ser repensada dentro de critérios de justiça e de igualdade de oportunidades. Por exemplo, como aqueles que têm acesso ao ensino superior gratuito ou financiado em condições especiais podem retribuir esse investimento à sociedade, depois de formados?

DEMOCRACIA NA PRÁTICA

As ligações do ensino com a pesquisa e a ciência precisam ser intensificadas, pois são inúmeros os exemplos de sucesso nessa associação. Normas práticas para estimular a sinergia entre descobrimentos científicos, patentes e produtos precisam ser discutidas e aperfeiçoadas.

O ensino no Brasil, em todos os níveis, não pode depender de pessoas que não apresentam condições mínimas nem mesmo de educação pessoal básica, mas que criticam o sistema educacional sem apresentar opções de melhoria.

A escola deve ser um lugar para reforçar valores necessários à vida das pessoas e à conivência social, cada um a seu tempo, de acordo com a idade. Por exemplo: o respeito aos professores, aos mais velhos, aos vizinhos, aos companheiros, às diferenças de estilo de vida e de religião; a importância do trabalho, do auxílio aos afazeres domésticos, da pontualidade, da dedicação, da honestidade, do patriotismo, os problemas das drogas, do alcoolismo, do fumo, dos vícios em geral, a importância do esporte, dos cuidados com a saúde, cuidados com o meio-ambiente (começando pelas atividades normais diárias, o lixo caseiro), etc.

Oferecer boas condições de trabalho aos profissionais da educação é fundamental. O mesmo vale para as condições proporcionadas aos alunos. A qualidade do ambiente, do material escolar, o transporte, o salário dos professores e funcionários precisam estar na primeira linha de preocupações. É necessário um plano de ação para promover, incentivar e praticar o respeito e a admiração social aos profissionais da área de ensino.

É fundamental o resgate de valores, em especial em um país onde um grupo completamente desqualificado consegue influência sobre o governo, sem a mínima noção de respeito, sem fundamentos básicos

75

de educação pessoal. Existem péssimos exemplos de comportamento público que em nada contribuem para a evolução do respeito, das relações sociais, institucionais e da educação em geral.

Através do censo escolar, o Brasil realiza um diagnóstico das suas necessidades educacionais. As políticas públicas são regularmente acompanhadas pelo Conselho Nacional de Educação, pelos foros de secretários estaduais e municipais de educação e por diversas organizações dedicadas à melhoria do sistema. Principalmente nos municípios menores, as associações de pais e mestres desempenham papel fundamental na supervisão do ensino ministrado às crianças e adolescentes.

O Plano Nacional de Educação estabelece diretrizes claras e articula, de modo coerente, os sistemas de educação federal, estadual e municipal. No entanto, falta eleger a Educação como prioridade e falta perseverança de esforços na busca da qualidade desejada.

O Brasil precisa eleger a Educação como prioridade e unir esforços em busca da qualidade desejada. O caminho a percorrer é longo, mas não há mistérios no que tem que ser feito.

Educar é o melhor investimento que pode ser feito no Brasil.

# 11.

# MEIO-AMBIENTE, CLIMA, SUSTENTABILIDADE, AMAZÔNIA – ASSUNTOS MUNDIAIS

Existem assuntos que são de importância mundial e, em consequência, afetam o Brasil. Entre eles, o meio-ambiente, as comunidades indígenas, a preservação da fauna e da flora, a luta contra a poluição, o aquecimento global, as mudanças climáticas e o desenvolvimento sustentável.

O Brasil, pela dimensão territorial, possui vários biomas (a selva amazônica, o cerrado, o pantanal, a caatinga, o pampa e a mata atlântica) que são motivos de atenção mundial.

A preservação dos biomas enseja discussões que engajam pessoas e organizações cujas posições se baseiam na racionalidade e nas considerações científicas, mas existem também radicalismos, paixões, ideologias e interesses diversos.

Esses assuntos precisam ser tratados com inteligência, planejamento e prudência, tanto no contexto interno quanto no internacional.

A falta de inteligência e de liderança, bem como o estilo populista e fanfarrão não levam à solução dos problemas do Brasil.

É necessário ajustar o desenvolvimento às questões ambientais e climáticas. Desenvolvimento não exige destruição. A "Agenda ESG" (sigla em inglês de *Environment, Social and Governance*; em português, Meio-Ambiente, Social e Governança) está colocada e já é promovida pelo setor privado. No equacionamento e no trato dos assuntos de grande repercussão, é necessário considerar como lidar com o ambiente mundial e com os tratados internacionais de que o Brasil é signatário e como administrar as recomendações da Agenda 2030 da ONU, com as quais o Brasil já se comprometeu. As opiniões precisam ser embasadas no conhecimento e no respeito mútuo. A garantia da soberania brasileira, em relação a esses temas, não será baseada em bravatas, mas, sim, em liderança, conhecimento e políticas públicas efetivas que promovam o desenvolvimento sustentável. Os maiores interessados na promoção do nosso desenvolvimento socioeconômico em harmonia com a preservação ambiental somos nós mesmos.

A Floresta Amazônica é compartilhada por nove países: Brasil, França (Guiana Francesa), Suriname, Guiana, Venezuela, Colômbia, Equador, Peru e Bolívia. Cerca de 60% da Amazônia está em território brasileiro e ocupa aproximadamente metade da área do nosso país. Assim, por ser o maior possuidor do bioma amazônico, é fundamental para o Brasil a liderança mundial nas discussões sobre o assunto. Para isso, precisamos de planejamento, determinação, algum investimento e, principalmente, liderança.

No Brasil, a chamada Amazônia Legal abrange os estados do Acre, Amapá, Amazonas, Mato Grosso, Pará, Rondônia, Roraima e Tocantins.

É de extrema importância a atuação internacional dos Ministérios das Relações Exteriores (MRE – Itamaraty) e Meio-Ambiente, os quais possuem capacidade para essa tarefa. O comportamento das autoridades sobre o assunto. Também é muito importante fomentar e apoiar o trabalho dos pesquisadores, cientistas e organizações brasileiras em todas as áreas de influência sobre o tema. Internamente, políticas públicas precisam ser implementadas marco do modelo federativo (união, estados e municípios). Como exemplo, além da mobilização de estudiosos, pesquisadores, empresários, organizações independentes, é essencial o aperfeiçoamento dos órgãos especializados de fiscalização e controle federal (IBAMA, ICMBio, PF, PRF, FUNAI, RF, entre outros), estadual e municipal.

Na ponta da linha, a identificação de responsáveis por atividades ilegais (invasões, grilagem de terras, desmatamentos, queimadas, etc.) é mais efetiva no nível municipal. Por isso, a estrutura existente precisa ser reforçada, estimulada e financiada nos municípios e, a partir daí, nos estados e na União. As estruturas precisam ser prestigiadas e reforçadas com pessoal, equipamento, tecnologia e legislação. Existem, no Brasil, pessoas com conhecimento profundo sobre desenvolvimento sustentável, preservação dos biomas, recuperação de áreas degradadas e proteção ao meio ambiente.

O mau gerenciamento, a incompetência, a demagogia populista e a fanfarronice acarretam danos à imagem e ao prestígio do país e afugentam investidores. Isso também pode causar prejuízos ao comércio internacional de produtos brasileiros de origem agrícola e industrial. Os nossos concorrentes constantemente lembram a opinião pública mundial sobre qualquer atitude que demonstre descompromisso com a preservação do meio-ambiente.

Nas questões relativas à Amazônia, ao meio-ambiente e ao clima, as medidas internas adotadas possuem também intenso impacto mundial. Por isso, decisões de qualidade são importantes interna e externamente e irão possibilitar o trabalho da diplomacia na política exterior. O Brasil tem todas as condições de ser líder incontestes nas discussões relativas à Amazônia e seus outros biomas. No entanto, isso depende de liderança, determinação, inteligência, vontade política e orçamento.

# 12.

# POLÍTICA EXTERIOR

Política exterior é assunto de Estado, não cabendo preferências pessoais na sua elaboração e na sua condução.

O Brasil possui tradição de excelente qualidade no seu corpo diplomático, que é o principal ator na implementação da política exterior. Historicamente, o Ministério das Relações Exteriores (MRE – Itamaraty) demonstrou ter capacidade de gerenciar crises e projetar uma imagem positiva do país no cenário internacional. O MRE sempre atuou de maneira exemplar para manter boas relações com os países vizinhos e a comunidade internacional, com um comportamento pacífico e harmônico, construtivo de bom entendimento e clareza nos interesses do Brasil no longo prazo.

Assim como outras instituições de Estado, o MRE sofreu desgastes por causa da politização partidária e ideológica e da influência de extremismo político no Ministério. No entanto, a cultura da instituição é claramente favorável à correção de rumos, mas isso depende da orientação do governo, das diretrizes e da definição de prioridades para a política exterior.

O Itamaraty precisa ser valorizado e prestigiado. A política exterior do Brasil não pode ser colocada sob a influência de pessoas inexperientes, muito menos de aventureiros ideológicos, irresponsáveis e inconsequentes. A política exterior mal conduzida isola o país no contexto internacional e reduz sua credibilidade, prejudicando negócios e nos investimentos.

O Presidente da República possui a prerrogativa e a responsabilidade de emitir as diretrizes e definir as prioridades da política exterior em relação a países, atividades, temas a serem tratados e organizações internacionais. Uma coisa é definir um país como prioridade; outra é definir uma pessoa, um governante. Esse erro retira a sustentação da política exterior. Um exemplo é a política exterior direcionada para a pessoa do ex-presidente dos Estados Unidos da América e não para o relacionamento de Estado.

As embaixadas do Brasil podem ser pontos de apoio e de fomento ao comércio exterior. Apesar de o empresariado brasileiro ter iniciativas próprias nessa área, existe muito espaço para as embaixadas atuarem como facilitadoras de expansão comercial. Os setores comerciais das embaixadas precisam ter seus efetivos reforçados com diplomatas e especialistas locais e brasileiros em comércio internacional.

Os países sul-americanos precisam de atenção especial, pois serão sempre nossos vizinhos e os canais de comunicação precisam estar sempre abertos, não importa o nível da discordância ideológica entre governos. É o caso da Venezuela. Existem dezenas de milhares de brasileiros naquele país que necessitam de apoio do Brasil através do consulado.

O nosso país precisa resgatar a sua tradição de não seguir em "alinhamento automático" com qualquer potência (e menos ainda com governantes de ocasião).

O Brasil precisa respeitar os princípios de política exterior estabelecidos no art. V da Constituição de 1988.

*Obs.: No momento em que este trabalho está sendo encerrado, ocorre a lastimável invasão da Ucrânia pela Rússia. A visita do presidente brasileiro à Rússia ocorreu em momento inoportuno, com a infeliz expressão de uma "solidariedade" indefinida, difusa, em uma hora crítica e ainda com uma tentativa completamente equivocada de querer estabelecer uma "coincidência" inexistente com uma diminuição de tensão descabida, pois a invasão ocorreu imediatamente após a visita presidencial àquele país. No andamento das ações, ficou evidente a diferença entre o discurso do Ministério das Relações Exteriores e o a retórica do presidente.*

# 13.

# "FAKE NEWS" – DESINFORMAÇÃO – MANIPULAÇÃO DA OPINIÃO PÚBLICA

Diferente das eleições anteriores, muito dependentes de marqueteiros profissionais, da mídia formal e de tempo de televisão, a campanha eleitoral para as eleições de 2018 teve como base as redes sociais na internet.

Esses recursos de comunicação passaram a ser utilizados na campanha eleitoral tanto espontaneamente pelos eleitores quanto de maneira intencional por grupos especializados e extremistas. Após as eleições, o governo e seus grupos de apoiadores fanatizados passaram a utilizar os recursos de mídia para continuar a manipulação da opinião pública e para consolidar um projeto de poder. Isso se agrava quando o governo possui o controle dos veículos oficiais de comunicação.

"Fake news" não é liberdade de expressão. É muitas vezes crime comum, tentativa de manipulação da opinião pública e intoxicação social que serve para promover a esquizofrenia política.

A divulgação de "fake news" não é novidade. Já é um fato antigo, mas se tornou mais contundente com o advento de recursos de divulgação em massa, proporcionados pelas mídias sociais.

Desde o início do governo atual houve a intensificação do uso da comunicação como ferramenta na disputa, manutenção e ampliação de poder político. Intensificou-se o investimento no fanatismo, desinformação, no aprofundamento da divisão social, no culto da personalidade, no assassinato de reputações, no comportamento de seita, de ação de gangues virtuais e de milícias digitais. Esse comportamento por vezes é criminoso e precisa ser combatido com a legislação existente.

A chegada ao poder de um grupo despreparado, com um projeto de poder e comportamento de seita, vem causando prejuízo à sociedade brasileira. Pior ainda, é um grupo que se autodenomina "patriota-de direita". Esse grupo não representa a sociedade brasileira nem tampouco "a direita", cujos expoentes legítimos têm visão de futuro, agenda construtiva, buscam unir e melhorar o país, praticam a tolerância e a convivência com opiniões distintas. Assim como uma parcela de seguidores do PT deteriorou a esquerda, alguns seguidoroes do governo atual estão destruindo a direita.

No projeto de poder em curso, o investimento no fanatismo e a agenda destrutiva são fundamentais, pois semeiam mentira, desinformação, discórdia, rancor e ódio. As mídias sociais passaram a ser o campo fértil para as milícias digitais no ambiente virtual, com o uso de recursos tecnológicos de robôs, *bots*, as identificações falsas nas contas de mídia e outras condutas covardes como o anonimato. As milícias digitais passaram a usar as mídias sociais para funcionar como instrumento de crime organizado e atacar, difamar e injuriar aqueles que são considerados inimigos. O Brasil não merece isso. O Brasil precisa de uma agenda positiva.

O mau exemplo pessoal de autoridades e de alguns de seus seguidores incentiva e banaliza o desprespeito pessoal, funcional e institucional na sociedade. Como consequência, a sociedade brasileira passou a perder os limites da lei, da ética, do respeito e da boa educação.

DEMOCRACIA NA PRÁTICA

Com a falsa justificativa de liberdade de expressão, ações criminosas passaram a ser cometidas como se o Código Penal tivesse sido abolido pelo advento das facilidades de comunicação.

Nesse ambiente, o governo eleito em 2018 permaneceu em campanha política, ao invés de construir a união, o equilíbrio e a paz social necessários ao Brasil.

A pandemia da Covid-19, desgraça mundial e que já fez mais de 620 mil vítimas no Brasil no momento em que esse texto é feito, se revelou um período de falta de liderança, absurdos de irresponsabilidade, de politização irracional, de desorganização, incompetência e inconsequência. Incapaz de mostrar um mínimo de empatia, de solidariedade, com a perda de tantas vidas humanas na pandemia, o governo se dispôs a politizar tudo, até mesmo medicamentos e vacinas.

Preservando a liberdade de expressão, é fundamental restabelecer o equilíbrio na sociedade pela reação legal dos cidadãos e das instituições. O funcionamento eficiente dos Poderes e das instituições, destacando o Ministério Público, garantirá a plena liberdade de expressão nos limites da lei.

A legislação no Brasil provê os meios para responsabilizar aqueles que abusem das suas liberdades de forma criminosa.

A liberdade de expressão não pode ser esconderijo para gangues, milícias e seitas.

# 14.

# POPULISMO

A eleição de 2018, como quase todas as eleições, trouxe uma expectativa de nova prática política, que era uma das promessas de campanha. No entanto, a frustração foi muito rápida e o Brasil voltou ao velho estilo populista e a outras práticas condenáveis.

O populismo é o conjunto de atitudes irresponsáveis para obter o apoio popular. É uma campanha política constante, mantendo a nação em estado de ebulição e de conflito permanente, ao invés do trabalho sério para a busca da paz social, da harmonia e do desenvolvimento.

O populismo serve a um projeto pessoal. É um projeto que não tem o Brasil como propósito. Como em qualquer governo, algumas ações são realizadas, pois existe um planejamento e uma execução orçamentária que, bem ou mal, acontece. Mas o populismo, na sua essência, é um projeto de poder pessoal e de um grupo de seguidores.

Por exemplo, o atual presdidentte não possui características militares mas, no entanto, procura explorar a imagem militar em favor do populismo. Falta preparo funcional, método de trabalho, equilíbrio, planejamento, princípios de hierarquia e disciplina, respeito e educação. Essa insistência em se caracterizar como militar prejudica as Forças Armadas.

A participação popular nas decisões, pois é em nome do povo que o poder é exercido, se faz através de mecanismos de participação direta e, também, através dos representantes eleitos, dos partidos políticos, agremiações profissionais e outros modelos de associação. A sociedade elege seus representantes: o presidente da república, os senadores, os deputados federais e estaduais, os governadores, os prefeitos e os vereadores. O chefe do Poder Executivo não é o único representante da sociedade pelo processo eleitoral.

Não existe maior legitimidade do que aquela concedida em uma eleição. O governante é eleito para governar e não deve ter medo de responsabilidade. Ele é eleito para desempenhar suas funções e não para ficar convocando a população constantemente, tentando transferir suas responsabilidades. Ele precisa desempenhar a função que lhe foi confiada, de acordo com a legislação vigente e aquilo que foi prometido em campanha. A expressão "eu autorizo" é feita pelos cidadãos nas eleições, pelo voto, para que seus representantes governem dentro dos limites da lei.

O contato direto com a população e com os problemas é importante, mas isso não tem nada a ver com a falta de educação e com a irresponsabilidade a que o Brasil vem assistindo. Também não tem nada a ver com desperdício de dinheiro público para passeios de férias, feriadões, passeios de motos, de *jet-ski*, mensalão, petrolão, assalto a fundos de pensões, amigos e familiares passeando em viagens oficiais. Também não tem nada a ver com show de fanfarronice como discursos de governante em caçamba de caminhonete, ameaças de uso de Forças Armadas na política, montada em um cavalo da polícia em uma manifestação popular, propaganda de remédio, "boca suja" e mais uma infindável lista de comportamentos de baixo nível e desrespeitos. Isso tudo é falta de noção funcional, institucional e de uso correto do dinheiro público. Esse é o comportamento típico de quem se habituou a privilégios e benesses de cargos públicos.

O populista não hesita em desprestigiar, destruir e aparelhar as instituições para seu projeto pessoal, pois instituições fortes não deixam espaço para aventuras. O populista também não hesita em comprometer as contas públicas para "comprar" as condições de se manter no poder.

Não existe diferença entre o populismo de esquerda e o de direita. Estamos assistindo, mais uma vez, o mesmo filme que sempre traz sofrimento e atraso ao povo brasileiro.

O Brasil precisa de união, paz social, respeito nas relações pessoais e institucionais, eliminação de privilégios, redução da desigualdade, auxílio aos necessitados e incentivo ao desenvolvimento e à geração de empregos.

O país não pode ser reduzido à baixeza inerente ao populismo. Os governantes nos níveis federal, estadual e municipal têm que prestar serviço públicos e não se comportarem como artistas de um filme ou de um circo. A estrela principal deve ser o cidadão e não o palhaço, o leão ou o elefante.

# 15.

# POLÍTICA
# – REFORMAS NECESSÁRIAS

A política é o caminho para realizar as transformações necessárias ao Brasil.

A atividade política é fundamental, pois é através dela que a sociedade organiza sua vida comunitária, seu desenvolvimento e sua prosperidade. É pela atividade política que os representantes são escolhidos para organizar as leis e definir as políticas públicas.

A prática política não pode criar distorções, perpetuar privilégios e enriquecer pessoas com dinheiro público. A atividade política deve ser feita de maneira transparente e honesta. A retribuição salarial pelo serviço prestado tem que ser apenas a justa e não valores discrepantes do contexto social.

O governo não pode perder a percepção das necessidades do povo.

O representante precisa estar consciente de que os eleitores o elegeram porque confiam no seu desempenho e deve corresponder honestamente a essa expectativa. Caso essa confiança seja rompida, o eleitor deve substituir o governante utilizando os recursos legais.

Apesar do desencanto e da desilusão do povo com a política, é importante não criminalizar essa atividade. É necessário que a população acredite e selecione pessoas de bom caráter para se somarem àqueles bons cidadãos que já estão atualmente na política. Os eleitores devem eleger como seus representantes pessoas que sejam capazes, que tenham liderança, independência de opinião e que não sejam apegadas ao poder. Pessoas que sejam capazes de participar da vida pública com integridade e transparência.

É importante que o líder político seja completamente transparente e mostre à população os seus parâmetros de negociação política e todas as despesas públicas, incluindo as despesas de cartões corporativos, verbas de gabinetes etc. Negociação política não é crime. Crime é negociar benefícios e favores pessoais fora do interesse público, aproveitar-se do cargo para distribuir benefícios individuais, roubar ou facilitar o acesso de ladrões aos recursos públicos e comprar apoio político com verbas que deveriam ser destinadas aos serviços e às políticas públicas.

Os eleitos para cargos executivos, junto com a diplomação pelo Tribunal Eleitoral, recebem as chaves dos cofres públicos. A responsabilização precisa ser implementada para que as ações erradas e as omissões sejam divulgadas e tenham consequências práticas.

São necessárias as reformas política, tributária, administrativa. Também são necessários aperfeiçoamentos nos poderes Executivo, Legislativo e Judiciário. A reforma política é a mãe de todas as outras.

Em todas as mudanças, alguns pontos merecem destaque:

- acabar com o instituto da reeleição para os cargos executivos;
- aprovar a prisão em segunda instância;
- eliminar o foro privilegiado;
- prover itens básicos: educação, saúde, alimentação, água, habitação, emprego, infraestrutura, segurança e acesso à Justiça;

DEMOCRACIA NA PRÁTICA

- garantir a igualdade de oportunidades aos cidadãos, principalmente através de educação de qualidade e do preparo profissional;
- assegurar transparência e publicidade das contas, dos planos e projetos públicos;
- eliminar privilégios e práticas imorais como o "toma-lá-dá-cá" e o aparelhamento de instituições;
- imprimir clareza aos parâmetros de negociação política, que não podem ser o "tradicional" acesso ao dinheiro público e benefícios pessoais;
- prestar serviço público de qualidade;
- reduzir a carga tributária;
- diminuir o tamanho do Estado e o aumentar a sua eficiência;
- gerar empregos;
- incentivar os investimentos;
- reduzir o Fundo Eleitoral a valores razoáveis e aceitos pela sociedade. No corrente ano, o valor é de 4,9 bilhões de reais. Além disso, existe o Fundo Partidário, que conta com cerca de 1 bilhão de reais ao ano.

O Brasil precisa fazer política com honestidade e sem demagogia, reduzir e otimizar o gasto público em todos os níveis.

# 16.

# ELEIÇÕES

A realização de eleições livres, periódicas e com credibilidade é um dos fundamentos da democracia.

A eleição é o grande momento da democracia. O voto de cada cidadão tem o mesmo valor e o mesmo impacto sobre o resultado eleitoral, independente de sua condição social, financeira etc. Cada voto vale UM.

Eleições possibilitam a alternância de poder e mantêm uma permanente perspectiva de mudança para o país, de acordo com a decisão da maioria.

Os representantes do povo, eleitos, possuem a legitimidade necessária para suas decisões.

Eleições trazem esperanças.

Para o país evoluir em todas as áreas, é necessário o aperfeiçoamento constante da legislação eleitoral, a fim de que candidatos de boa qualidade se apresentem para a escolha dos eleitores. Os eleitos servem ao povo e não podem ter privilégios acima dos cidadãos que eles representam. A fiscalização das suas ações e do uso dos recursos públicos deve ser transparente e auditável.

Para as funções executivas (presidente, governadores e prefeitos), a eleição significa gestão dos recursos públicos.

Os privilégios e a falta de fiscalização compõem um cenário atrativo para pessoas desqualificadas e mal intencionadas. Demagogos, desonestos e corruptos procuram as funções públicas eletivas com o objetivo de se beneficiar ao máximo de facilidades e não o de servir àqueles que os elegeram.

O sistema eleitoral, como qualquer outro, pode e deve receber aperfeiçoamentos e modernização. O modelo de urnas eletrônicas adotado no Brasil existe desde 1996 e não se tem qualquer comprovação de fraudes. O modelo vem sendo aperfeiçoado a cada eleição. Isso não quer dizer que o sistema não deva receber propostas adicionais de melhorias.

Acusações infundadas tentam caracterizar o sistema como fraudulento. Fanfarronices irresponsáveis alegam fraude sem apresentação de provas. Notícias alarmantes de preparo de fraude nas eleições sabotam a tranquilidade e a paz social. Essas colocações irresponsáveis e inconsequentes podem levar o Brasil a casos de violência no andamento e no desfecho do processo eleitoral. Apesar de os extremistas apresentarem temporariamente um perfil baixo, eles levantarão novamente esse discurso criminoso.

Para evitar problemas derivados de atitudes irresponsáveis, é preciso acionar legalmente aqueles que tentam desmoralizar o sistema e obrigar que os acusadores apresentem as evidências das acusações. A falta de medidas legais contra a irresponsabilidade aumenta a chance de violência no processo e nos resultados eleitorais.

O processo eleitoral é competência do Congresso Nacional e do Tribunal Superior Eleitoral. A auditoria do sistema é feita pela sociedade através dos partidos políticos e outras entidades. As Forças

Armadas não têm atribuição sobre a validade do processo eleitoral. Sua participação, quando couber, restringe-se a auxiliar na garantia da realização da votação e da apuração, acionadas pela Justiça Eleitoral.

Em novembro de 2021, o TSE abriu o acesso ao código fonte do sistema eleitoral, antecipando o prazo para isso, e não houve evidência de qualquer possibilidade de modificação dos resultados.

Além das medidas técnicas, o plano de comunicação do Tribunal Superior Eleitoral reforça a credibilidade no sistema.

É muito importante ter disposição para desenvolver permanentemente medidas de aperfeiçoamento e verificação do sistema de votação. Já existem diversas iniciativas do TSE nesse sentido. Infelizmente, o que se está vendo é um show de irresponsabilidade por parte dos acusadores, gerando tensões desnecessárias. Isso funciona como alimento para o fanatismo e o extremismo político.

Apesar do chefe do Executivo e membros de sua família já terem sido eleitos por 19 vezes no sistema de urnas eletrônicas, eles alegam que existiu e que existe um cenário de fraude. Essas 19 eleições demonstram a credibilidade do sistema. Logicamente isso não invalida a busca de aperfeiçoamentos do modelo eleitoral.

O TSE precisa dispor de uma equipe de técnicos de alta qualidade e especializá-los em monitoramento de possíveis crimes ligados ao contexto eleitoral, para que o Brasil não viva uma eleição baseada numa indústria de "fake news" e manipulação da opinião pública.

# 17.

# PANDEMIA (COVID-19)

No final de 2019/início de 2020, surgiu a pandemia da Covid-19. No momento que este artigo é escrito, já foram infectadas cerca de 500 milhões de pessoas e há aproximadamente 6 milhões de mortos no mundo. No Brasil, os dados são de mais de 30 milhões de infectados e mais de 650.000 mortos (números aproximados.)

A pandemia da Covid-19 é uma tragédia humanitária e alterou o nosso modo de vida. As ameaças e os problemas de dimensão nacional precisam ser enfrentados com liderança e união nacional entre governantes e a população. O enfrentamento de uma pandemia como a da Covid-19 é comparável a uma situação de guerra, quando o êxito da resposta depende de um esforço nacional em torno de objetivos comuns.

Outras situações também exigem união nacional, como a proteção ambiental, o combate à corrupção, à violência e ao crime organizado.

Infelizmente, hoje o Brasil é um país dividido. A pandemia mostrou a completa falta de liderança do governo federal, que não foi capaz de unir o país, de congregar governadores e prefeitos, o Congresso Nacional e o Judiciário. O presidente não foi capaz de pedir às autoridades e à população o abandono temporário dos interesses político-partidários para enfrentar a pandemia. O governo tampouco foi capaz de atuar de forma técnica, utilizando os órgãos especializados como o próprio Ministério da Saúde, ANVISA, Ciência e Tecnologia, Institutos Oswaldo Cruz, Butantã e Adolfo Lutz, conselhos estaduais e municipais, autoridades sanitárias, representantes de centros de pesquisas de universidades etc. É lamentável que o governo não tenha tido a capacidade de prover à sociedade os dados estatísticos, os quais foram divulgados por um consórcio de veículos de imprensa.

Infelizmente, o que se viu foi falta de liderança, desculpas descabidas, incapacidade de assumir a tarefa de conduzir o país naquele momento, politização de medicamentos e de vacinas e manifestações de falta de empatia e solidariedade. Em síntese, diversos comportamentos impróprios e inaceitáveis para um chefe de Poder Executivo.

O governo não cumpriu sua obrigação de orientar a população. Ao contrário, criou inseguranças.

Por sua vez, o Congresso aprovou para o Executivo a possibilidade de apoio financeiro extraorçamentário e viabilizou, corretamente, o auxílio emergencial às empresas e às pessoas mais necessitadas, o que foi feito. Infelizmente, a Comissão Parlamentar de Inquérito (CPI) revelou que a execução foi feita com falta de critério, dando oportunidade a desvios, desperdícios e acusações de corrupção. A falta de centralização de compras, por exemplo, deu oportunidade a uma variedade de licitações, algumas mergulhadas em suspeitas de fraudes.

A pandemia da Covid-19 trouxe o risco à vida e reduziu muitas atividades econômicas, acarretando desemprego e afetando de maneira drástica a vida das pessoas mais pobres, das empresas e do comércio

DEMOCRACIA NA PRÁTICA

em geral. Desde o início da pandemia houve uma corrida mundial contra o tempo para se estabelecer procedimentos, protocolos de tratamento e produção de vacinas.

Naquele momento não era de se esperar que o governo tivesse recomendações absolutamente corretas, pois o mundo inteiro estava em fase de tentativas e ainda hoje o conhecimento técnico do assunto é incompleto. No entanto, o que se viu no Brasil foram brigas políticas, politização de medicamentos, participação de pessoas em discussões e decisões sem qualquer capacidade técnica (recomendação de medicamentos ineficazes, viagem a Israel para ver um *spray* sem qualquer amparo técnico por uma comissão de pessoas desqualificadas para avaliação etc.), substituições de ministro na área da Saúde sem qualquer profissionalismo e a falta de trato das recomendações técnicas, constantemente desmoralizadas de forma proposital pelo próprio chefe do Poder Executivo.

Chamou a atenção no período a nomeação de um militar para o Ministério da Saúde sem a especialização e a experiência necessárias para enfrentar o principal problema sanitário que o país estava vivendo. Também é digna de nota a permanência de um ministro da Saúde por menos de um mês na função. Ao mesmo tempo, contrariando as recomendações técnicas do próprio governo, o presidente promoveu aglomerações, passeios de motocicleta, de *jet-ski,* e outros shows populistas e demagógicos.

Com toda essa desorganização, irresponsabilidade, maus exemplos, acusações de corrupção e falta de seriedade, o Brasil se atrasou na vacinação. A sociedade tomou conhecimento de  tentaviva de negociações não recomendáveis em diversos níveis.

É impossível calcular se houve e qual o prejuízo para a saúde e para vidas humanos resultante da desorganização, da inconsequência e da incompetência. O que sobra é lastimar, colher os ensinamentos e esperar pela responsabilização legal, se for o caso.

O Brasil precisa reconhecer que, para conduzir o país em assuntos de grande importância para a vida nacional, é preciso um governante com liderança para unir o país, que não tenha medo da responsabilidade, que transmita orientações seguras, que tenha sentimento de solidariedade, empatia e critérios para distribuição de meios e auxílio financeiro.

O atributo fundamental para o governante nessas situações é ter liderança, respeito e consideração pela população. Daí derivam os outros comportamentos corretos.

# 18.

# MÍDIA

A liberdade de expressão, nos limites da lei, é um dos fundamentos da democracia.

Essa liberdade não pode ser confundida com "direito" à irresponsabilidade, à violação de códigos de ética e da legislação. Por exemplo, dizer mentiras e atacar a honra das pessoas não é liberdade de expressão. É crime!

O ativismo político na mídia e nas redes sociais produz desinformação e facilita a manipulação da opinião pública.

Atualmente, existe uma indústria de desinformação, de notícias falsas, estruturada como uma milícia digital, como se fosse uma gangue dentro da internet. Existe uma orquestração para difamar toda a mídia formal, logicamente com o objetivo de que a população acredite nas *fake news* fabricadas, manipulando-a, assim, para a campanha eleitoral. A polícia, o Ministério Público e a Justiça precisam atuar com presteza sobre os crimes cometidos nessa área.

No momento, por causa dos recursos disponíveis gratuitamente na internet, é necessário maior cuidado na divulgação de informações, pois a velocidade de propagação é muito grande, as consequências são imprevisíveis e a atribuição de responsabilidades muitas vezes é difícil ou até mesmo impossível de determinar.

Mesmo considerando que os acontecimentos do dia a dia são a parte mais importante da mídia, é muito aconselhável que os veículos de comunicação dediquem uma pequena parcela de sua força de trabalho às atividades de jornalismo investigativo.

No ambiente democrático não cabe ao governo usar veículos oficiais de comunicação para a propaganda política. O que existe na área governamental é a estruturação da comunicação social. Esse serviço deve ser apenas informativo, cobrir espaços e assuntos pelos quais a mídia privada não se interessa por qualquer razão e não pode ser ideológico e nem fazer propaganda de governo e de governante de ocasião.

A mídia é fundamental para a transparência das atividades e das despesas públicas. O acesso a dados e informações pela mídia e pelos cidadãos deve ser absoluto. A publicidade e a transparência são essenciais para o Estado democrático, para o controle social das atividades públicas e para o combate à corrupção.

A liberdade de imprensa e a liberdade de opinião devem ser absolutas, pois são pilares da democracia.

# 19.

# OS POVOS INDÍGENAS

A situação dos povos indígenas no Brasil merece atenção especial por diversas razões: a luta contra o preconceito, o reconhecimento da pluralidade étnico-cultural de habitantes originários da nossa pátria, a promoção da igualdade e por razões humanitárias. O assunto chama a atenção da comunidade internacional e gera pressões sempre que o Estado não lhe dá a devida atenção. A repercussão internacional não implica perda de soberania, mas pode resultar em consequências ruins para o Brasil em diversas áreas.

O Brasil possui aproximadamente 900 mil indígenas, distribuídos em 567 terras indígenas, que ocupam 13% do território nacional. São mais de 300 povos falando cerca de 280 dialetos distintos. Existem 114 referências de grupos isolados (em estudo), sendo 28 confirmados na área da Amazônia Legal (todos os dados são aproximados).

As comunidades indígenas estão distribuídas em todo o território nacional, com uma grande diversidade cultural de costumes, idiomas e atividades de sustento. Os problemas desses brasileiros e a diversidade de seus dialetos e tradições exigem um trato especial para o desenvolvimento pessoal, social e para a preservação cultural.

Existem problemas de toda ordem, como condições de vida, sustento, conflitos culturais, problemas de demarcações de terras, posturas ideológicas, interesses etc. Adicionalmente, as comunidades indígenas estão intimamente ligadas à preservação do meio-ambiente, da mata nativa, da biodiversidade, da flora e da fauna.

Há um choque entre a cultura indígena e a sociedade nacional estruturada. A diferença de modo de vida e de interesses faz com que a transição da tutela indígena pelo Estado para a autonomia completa resulte em abandono, levando ao agravamento de problemas como doenças, etnocídio, alcoolismo e drogas. Entre os diversos problemas, destacam-se a pobreza, as questões educacionais e a precariedade da saúde indígena.

As falhas na execução de uma política indigenista fazem proliferar a influência de indivíduos e Organizações Não-Governamentais (ONGs) que atuam dentro de seus próprios interesses e visão do assunto. O próprio governo acaba transferindo a essas organizações recursos que, ao menos em parte, deveriam ser destinados ao órgão indigenista especializado, a Fundação Nacional do Índio (FUNAI), e para a estrutura federativa (União, estados e municípios) responsáveis pela questão indígena.

A omissão e a incompetência governamental possibilitaram o surgimento de um grande número de ONGs no trato da pauta indígena, com insuficiente coordenação de atividades, padronização de procedimentos e medição de resultados. Além disso, elas podem sofrer influência de financiadores externos, algumas vezes agindo fora do sincronismo com os governos nacional e local.

A politização da questão indígena e da FUNAI é um fator considerável na ineficiência e no desperdício de recursos públicos. Grande parte dos postos-chave na estrutura da FUNAI , como presidência e diretorias, é ocupada por indicação política, bem como outras funções em todos os níveis. Os funcionários de carreira, indigenistas que se caracterizam pelo idealismo necessário para o trabalho e para a obtenção de resultados, são preteridos pelas indicações políticas.

As comunidades indígenas necessitam de serviço público de saúde, de programas de alimentação, de escola de qualidade em tempo integral. Além disso, precisam de atenção especial à preservação da cultura.

O desenvolvimento individual e social não conflita com a preservação cultural. Pelo contrário, diversidade cultural enriquece e beneficia o desenvolvimento socioeconômico.

É importante estabelecer diálogo mais intenso com os povos indígenas e pensar em políticas de Estado adequadas à realidade de cada povo. Por exemplo, transformar as comunidades indígenas em cooperativas produtivas, cada uma na sua vocação natural, de acordo com a sua tradição e área ocupada, podendo desenvolver mais de uma atividade simultaneamente, como agricultura, pesca, turismo, artesanato, manejo florestal, produção medicinal, biotecnologia, atividades ligadas a pesquisas etc. Para isso, é necessário o apoio governamental até a completa autonomia gerencial. Também é necessário o apoio do governo na infraestrutura e na promoção de atividades (aeroportos, estradas, hotelaria, internet, preparação profissional, propaganda e publicidade etc.).

Recentemente, alguns países têm anunciado possíveis reduções de importação do Brasil se o país não apresentar dados efetivos contra o desmatamento na Amazônia. Esses assuntos foram debatidos exaustivamente por ocasião da Cúpula do Clima (COP 26) na Escócia, em novembro de 2021. Os povos indígenas podem ser considerados guardiões do patrimônio genético, cultural e da biodiversidade dos nossos biomas. As reservas indígenas são as áreas de floresta nativa mais preservadas, apesar dos problemas com invasores, madeireiros, garimpeiros, grileiros etc., os quais promovem o desmatamento florestal.

Há necessidade de soluções que apresentem aspectos positivos para as partes envolvidas, que impeçam a expansão das invasões e do desmatamento e que tragam recursos e desenvolvimento.

A FUNAI precisa ser valorizada, ampliada, despolitizada, mobiliada e conduzida por profissionais. O governo federal precisa de uma política indigenista bem elaborada, que coordene e oriente o trabalho das ONGs, para que elas possam colaborar com os objetivos a serem atingidos. A FUNAI precisa de investimentos diretos e de coordenação com outras áreas que trabalham para as comunidades indígenas, como Saúde e Educação.

Atualmente, o mundo implementa um novo modelo econômico com base na preservação de recursos naturais. É a economia verde. O Brasil pode ser o líder desse novo modelo. Nesse contexto, os povos indígenas e as comunidades tradicionais são fundamentais. É importante implementar uma política econômica que capitalize o meio-ambiente, a floresta em pé, o crédito de carbono, o turismo ecológico etc.

Algumas considerações feitas para as comunidades indígenas também se aplicam às chamadas comunidades tradicionais (quilombolas, caiçaras, extrativistas, jangadeiros, pescadores, ribeirinhos, seringueiros, caboclos). Entre os pontos em comum, destaca-se o investimento na educação, única forma de promover a igualdade de oportunidades e reduzir a desigualdade social através da capacitação técnica, profissional e cultural.

DEMOCRACIA NA PRÁTICA

Em 2019, tive oportunidade de fazer reuniões com as comunidades indígenas em Altamira-PA e São Gabriel da Cachoeira-AM. As apresentações, os esclarecimentos e os pleitos dos líderes indígenas, representando suas comunidades, foram altamente objetivas, razoáveis e respeitosas. São admiráveis a sensatez e a boa qualidade das colocações feitas pelos representantes das diferentes etnias.

# 20.

# ECONOMIA

*"Continuamos a ser a colônia, um país não de cidadãos, mas de súditos, passivamente submetidos às 'autoridades' – a grande diferença, no fundo, é que antigamente a 'autoridade' era Lisboa. Hoje é Brasília.*
*O bem que o Estado pode fazer é limitado; o mal, infinito. O que ele nos pode dar é sempre menos que nos pode tirar."*

(ROBERTO CAMPOS)

A economia é uma área em que predominam discussões especializadas, definições e considerações técnicas. O cidadão comum tem interesse é no lado prático da vida, onde a situação econômica é percebida na oportunidade de trabalho, no salário, no preço dos alimentos, na conta dos serviços públicos (transporte, água, energia) e do vestuário, nos medicamentos etc.

O liberalismo econômico não dispensa e nem conflita com o auxílio aos mais necessitados.

O foco das medidas econômicas deve ser:

– A melhoria de vida das pessoas, com atenção especial para as classes mais necessitadas, por meio, sobretudo, da geração de empregos, da redução das desigualdades sociais, das oportunidades de escolha e do respeito ao Estado democrático de Direito;
– A busca permanente da redução e do aperfeiçoamento do papel do Estado na economia;
– A contenção do permanente interesse governamental de aumento de receita;
– A redução dos gastos públicos – o plano governamental para isso deve ser transparente – incluindo a otimização dos recursos financeiros e a eliminação de privilégios;
– A eliminação do vício do "assalto" aos cofres públicos pela classe política e por algumas carreiras de Estado, que atuam como "aves de rapina" sobre os recursos financeiros, reforçando a desigualdade social e os privilégios;
– A justa e equilibrada tributação sobre a renda e o consumo, objetivando a otimização do crescimento econômico e o bem--estar social;
– A permanente valorização e incentivo à iniciativa privada, otimizando as intervenções do Estado e reduzindo custos;
– O funcionamento independente e autônomo dos órgãos de controle para melhor fiscalização e aplicação da lei; e
– A criação de ambiente de liberdade de investimentos, promovendo máxima oportunidade e incentivos aos empreendedores.

DEMOCRACIA NA PRÁTICA

São pilares para o desenvolvimento sustentável de longo prazo:

– Uma sociedade economicamente livre, onde indivíduos e instituições exerçam suas atividades sem discriminação e com autonomia;
– A meritocracia e a igualdade de oportunidades; e
– Um governo honesto e transparente que promova a devida competição com adequada alocação de recursos.

Algumas características da economia são atributos também da democracia:

– Respeito a contratos: assim como a estabilidade política, a segurança jurídica é fundamental para os investimentos e atividades comerciais;
– Direito à propriedade;
– Combate permanente à corrupção; e
– Liberdade de negócios, de trabalho e de investimentos.

Não menos importante para a economia é a estabilidade política do país. Por isso, o Brasil precisa de paz social, união, harmonia e bom ambiente para cada um desenvolver suas potencialidades e iniciativas.

A economia existe para prover bem-estar aos cidadãos, promover o desenvolvimento e a justiça social.

# 21.

# PRIVILÉGIOS
# E DESIGUALDADE SOCIAL

As pessoas são diferentes em capacidade física, inteligência, cultura, produtividade, criatividade etc. Mas todos devem ser iguais perante a lei e merecem o mesmo nível de respeito, dignidade e consideração.

Ninguém pode estar acima da lei. Os privilégios precisam ser reduzidos. Por princípio, eles precisam ser eliminados.

Infelizmente, ao longo da história, a sociedade brasileira desenvolveu uma cultura de privilégios, muitos deles ligados a benefícios com o dinheiro público e vantagens funcionais. Essa cultura não é limitada a setores do serviço público e à área política. Parcelas do setor privado também buscam privilégios, especialmente benefícios fiscais. Mesmo considerando que existem setores em que incentivos e subsídios são necessários, a renúncia fiscal no Brasil é estimada em cerca de 350 bilhões de reais ao ano.

Em um círculo vicioso construído por aqueles que são responsáveis pela elaboração das leis, privilégios imorais foram legalizados em benefício próprio. É o que se pode chamar de legalização da imoralidade.

Alguns privilégios são listados sem qualquer comentário, pois eles são autoexplicativos:

- Cerca de 55 mil autoridades têm foro especial no Brasil por prerrogativa de função. É o conhecido "foro privilegiado".
- Senadores e deputados federais podem pedir reembolso de despesas médico-hospitalares para si e seus dependentes, em qualquer local do país. Ex-senadores podem pedir reembolso médico de até 32 mil reais por ano. Esse direito é vitalício para ex-senadores. Existe o caso de despesa de157.000,00 (cento e cinquenta e sete mil reais) de um tratamento dentário, com as despesas pagas pela Câmara. Esse tipo de despesa necesita de apurada perícia técnica.
- Ao se aposentar, o parlamentar receberá 1/35 avos de seu salário por cada ano de mandato. Ou seja, o parlamentar que ficar 8 anos com mandato receberá quase R$ 8 mil mensais. No entanto, um cidadão brasileiro precisa de 35 anos de contribuição no valor máximo de R$ 1.276,71 reais por mês para se aposentar recebendo o teto do INSS, que é cerca de R$ 6.400,00 reais por mês.
- Existem Tribunais de Contas Estaduais em que os conselheiros do tribunal têm direito a cerca de 40 nomeações e o presidente do tribunal tem direito a nomeações muito além disso.
- O país gasta cerca de 40 milhões por ano com pensões vitalícias de ex-governadores, alguns tendo exercido a função por alguns dias, semanas ou meses. Apesar de várias ações na Justiça para não ser pago o benefício, 18 dos 27 estados continuam pagando pensões vitalícias.
- Pela Lei 7.474, de 8.5.1986, cada ex-Presidente da República tem direito, entre outros benefícios, a salário e pensão vitalícia, mais quatro servidores de livre nomeação para segurança e apoio pessoal, mais dois veículos e motoristas. É importante observar

DEMOCRACIA NA PRÁTICA

que, no atual governo, apesar da retórica e da intensa atuação dos seguidores, não foi feita nenhuma proposta de redução de privilégios a ex-presidentes.

– Existem cerca de 25.000 servidores com os chamados supersalários, que consomem 2,6 bilhões de reais por ano.

– Em um país em que o salário mínimo é de 1.210,44 reais e o teto da administração pública é de aproximadamente 39.000,00 reais por mês, existem pessoas que ganham muito acima desse limite e até mais de 100.000,00 reais mensais. Esse número aumentou com a manobra que permite mais privilegiados receberem acima do teto previsto na administração pública. É o caso de servidores aposentados em carreiras públicas e de militares da ativa, da reserva ou reformados que exercem postos de nomeação em cargos públicos. Isso é vergonhoso e mostra a falta de limite no "faturamento" do dinheiro público.

– Partidos políticos recebem cerca de 1 bilhão por ano pelo Fundo Partidário e a cada dois anos recebem o Fundo Eleitoral, que neste ano de 2022 é de 4,9 bilhões de reais.

– Por exemplo, há estados em que os poderes estaduais (Judiciário, Ministério Público, Assembleia Legislativa, Tribunal de Contas e Ministério Público do Tribunal de Contas) consomem cerca de 25% de todos os recursos financeiros produzidos e recebidos pelo estado. É inimaginável a imoralidade representada por esse percentual.

Adicionalmente a esses privilégios, e também por causa deles, o Brasil possui uma desigualdade social vergonhosa, que precisa ser reduzida. Algumas informações também falam por si:

– Estima-se que, atualmente, cerca de 19 milhões de brasileiros estejam em situação de pobreza extrema[1], passando fome, e que outros 60 milhões estejam em situação de pobreza[2] (o número de pessoas em pobreza extrema, com problema de fome, aumentou de 19 para 33 milhões).

– Cerca de 80 milhões de pessoas vivem em situação de insegurança alimentar no Brasil, país que é considerado um dos celeiros do mundo.

– Atualmente, o 1% mais rico do Brasil detém cerca de 50% da riqueza total do país. O Brasil apresenta a segunda maior concentração de renda do mundo, perdendo apenas para o Catar.

– Nesse quadro, não é possível admitir que autoridades e assessores gastem milhões em viagens ao exterior, passeios de moto e de *jet-ski* em feriadões, milhões de despesas em cartões corporativos, tudo com dinheiro público, sem prestação de contas à sociedade. Isso é incompatível com o contexto nacional e acontece por causa do vício do uso imoral dos recursos públicos.

O Brasil precisa de um governo que mobilize a nação contra os privilégios, contra a desigualdade social e que lute para melhorar a qualidade dos serviços públicos prestados a todos os cidadãos; um governo que dê o exemplo, que auxilie os necessitados sem demagogia, que reduza a pobreza através do emprego, que combata a corrupção e canalize recursos massivos para áreas da Educação e da Saúde.

---

[1] Pobreza extrema – pessoas que vivem com menos de 1,9 dólares por dia; cerca de 162 reais por mês.

[2] Pobreza – pessoas que vivem com menos de 5,50 dólares por dia; cerça de 469 reais por mês.

## 22.

# OS RISCOS PARA O BRASIL

Um governante precisa governar para todos, incluindo aqueles que nele não votaram.

O presidente, os governadores e os prefeitos eleitos têm que governar para todos, sem exceção.

O governo não pode servir apenas a um grupo de poder ou a um grupo familiar, e muito menos satisfazer a um grupo de fanáticos e de extremistas. A autoridade que governa pode ter suas aspirações políticas, mas não deve governar com o foco na reeleição. Um bom governo pode levar naturalmente à reeleição, como resultado de realizações e não como fruto de demagogias, irresponsabilidades na administração dos gastos públicos, relacionamentos políticos de baixo nível e destruição da democracia através de mensalões e orçamentos secretos.

A falta de preparo e de princípios, a ignorância, a boçalidade, a irresponsabilidade, a influência de extremistas, o fanatismo, a fixação no poder e o interesse na reeleição apresentam riscos para o Brasil atual:

1. **Violência** – A eleição de 2018 não trouxe a união nacional. Pelo contrário, a divisão social que já vinha sendo estimulada

anteriormente foi intensificada. Ao invés de promover a união, houve investimento no fanatismo e no conflito como instrumentos de campanha política permanente. Não existe fanatismo que não termine em violência, se não generalizada, pelo menos em incidentes localizados.

2. **A instituição do desrespeito** – O fanatismo, no seu caminho natural para a violência, leva consigo os crimes de injúria, difamação e calúnia. Para extremistas, vale qualquer atitude para atacar os adversários, até porque para eles os fins justificam os meios. Os extremistas seguem a cartilha do totalitarismo. Atualmente, assistimos ao desrespeito pessoal, funcional e institucional. Os exemplos são inúmeros. O Brasil tem que resgatar o princípio do respeito às pessoas, às funções, às instituições e à lei.

3. **Desinformação, meias-verdades, mentiras e notícias falsas (*fake news*)** – Os recursos de tecnologia, a internet e as mídias sociais trouxeram possibilidades enormes de comunicações pessoais, de discussões de ideias e de divulgação de informações. Mas, infelizmente, trouxeram também a possibilidade de manipulação da opinião pública através da desinformação, do uso de meias-verdades, mentiras e notícias falsas. Os crimes cometidos por meio da internet precisam ser tratados de acordo com o Código Penal, com o devido processo legal, e as gangues e milícias digitais precisam ser identificadas e responsabilizadas.

4. **Os projetos de poder** – A manipulação da opinião pública e o fanatismo podem levar uma pessoa e um pequeno grupo a concretizar seu projeto de poder, sem qualquer vínculo com os interesses da sociedade. Logicamente a narrativa empregada

DEMOCRACIA NA PRÁTICA

tem que simular um projeto de país. Nessa situação, quanto mais desqualificado é o grupo, mais ele se empenha na promoção da pessoa do líder, pois é dele que todo o grupo depende para a sua sobrevivência.

5. **Manipulação da opinião pública** – Nos últimos anos, observou-se o aprofundamento da divisão social usando os recursos de mídia, intoxicando a sociedade com dicotomias do tipo amigo x inimigo, direita x esquerda, sequestrando os símbolos nacionais e se autointitulando "patriota-de direita-conservador". Esses artifícios apresentam o líder como o salvador da pátria e até mesmo "designado" para uma tarefa divina. Tudo isso facilita manipular a opinião pública e alcançar os objetivos de poder. O que se assiste, atualmente, é a promoção de uma histeria política e a manutenção de uma indústria de notícias falsas (*fake news*). A liberdade de expressão não pode ser esconderijo de irresponsáveis, milícias e gangues digitais.

6. **Destruição, desmonte e desprestígio das instituições** – O populismo é aventureiro na sua essência e, ao invés de realizar uma administração discreta e eficiente, tenta substituir a incompetência e o despreparo por um show de mídia, a fim de esconder a própria incapacidade. Aventureiros não têm chance de êxito em ambientes com instituições sólidas. Para atingir seus objetivos, precisam subverter, corromper, desprestigiar e, posteriormente, aparelhar as instituições. Nesse contexto, acontece a deterioração do serviço público e o desestímulo ao trabalho dos bons servidores.

7. **Deterioração das contas públicas** – Normalmente o cidadão não tem tempo nem conhecimento de termos técnicos para acompanhar a situação das contas públicas. As pessoas acabam

sentindo apenas as consequências no custo de vida, principalmente nos produtos de primeira necessidade, como alimentos, remédios, aluguel, transporte, vestuário etc. Aqueles que têm projeto de poder e não de nação normalmente gastam o máximo possível de recursos públicos na "compra" de suas eleições e de seus projetos pessoais, pois o débito vai para a conta pública do país, para o "CPF Brasil", para cada um de nós. A conta é nossa. E ficaremos dez ou quinze anos comprometidos para resolver o problema financeiro.

8. **Desequilíbrio social** – É compreensível o aumento da agitação política em época de campanha eleitoral. Passadas as eleições, o país tem que ter união e o vencedor deve dedicar-se ao trabalho para todos. E os perdedores têm que reconhecer o vencedor. Não é só em caso de guerra que um país precisa de união para enfrentar problemas. A sociedade precisa estar unida para enfrentar os desafios da educação, controle dos recursos públicos, pandemia, reformas de legislação, modificação dos vícios culturais etc.

9. **Enfraquecimento do combate à corrupção** – O populismo, projeto de poder pessoal, é capaz de todos os tipos de conchavos com o dinheiro público: "toma-lá-dá-cá"; favores com a coisa pública; facilitação do acesso de apoiadores ao dinheiro público; descontrole de gastos públicos; demagogia e descumprimento dos compromissos de campanha.

10. **Desgaste das instituições de Estado, incluindo as Forças Armadas** – Políticos aventureiros sempre tentam politizar as instituições de Estado, em especial as Forças Armadas, as polícias e os órgãos de controle, aparelhando-as para usá-las politicamente.

DEMOCRACIA NA PRÁTICA

**11. Perda de mercado internacional** – O despreparo, a fanfarronice para alimentar o fanatismo e a ausência de liderança em assuntos de meio-ambiente, clima e sustentabilidade acarretam prejuízos à economia. Existe risco de perda de comércio exterior até para o agronegócio, setor altamente desenvolvido e moderno, que vem sendo, por longo tempo, um dos principais esteios da nossa exportação.

Esses são os principais riscos do Brasil atual e precisam ser permanentemente monitorados, avaliados e enfrentados pelos cidadãos, pelas organizações e pelas instituições.

# APÊNDICE

# ELEIÇÕES, FANATISMO E VIOLÊNCIA

*Canal My News, 7 de junho de 2021*

É nítida a preocupação de muitas pessoas com a possibilidade de violência nas eleições do próximo ano, no caso de derrota do atual presidente, candidato à reeleição. Muitos têm receio de atitudes semelhantes àquelas que aconteceram nos Estados Unidos quando da derrota do ex-presidente daquele país.

A possibilidade de atitudes violentas, mesmo que isoladas, localizadas, é real, como consequência das tentativas para desmoralizar e desacreditar o sistema de votação eletrônica no Brasil. Existem acusações contra o sistema e divulgações irresponsáveis de que existe planejamento de fraude. Essas colocações são feitas por extremistas e por fanáticos que consideram uma derrota do atual presidente como um plano arquitetado por "antipatrióticos, esquerdistas, comunistas e toda sorte de inimigos".

Nesse contexto, o presidente diz que sua eleição foi "roubada" no primeiro turno e que possui as provas disso. Nesse caso, é uma obrigação legal apresentar as provas para que não fiquem suspeitas sobre o processo eleitoral e que, se comprovadas as irregularidades, o sistema seja aperfeiçoado. Caso não apresente as provas, ficam as suspeitas sobre a irresponsabilidade e até mesmo a sanidade mental do acusador. É fora de qualquer lógica o vencedor considerar fraudulenta e eleição vencida por ele mesmo. Não apresentar as provas, após dizer que as possui, precisa ser motivo de ação da Justiça Eleitoral. Sem considerar a postura populista de ameaçar que não haverá eleições se não houver o voto impresso.

Sobre o voto impresso, são importantes algumas considerações. Voto impresso significa a verificação impressa do voto e o depósito em urna própria após a conferência visual pelo eleitor. Isso não pode ser a simples entrega de um "canhoto" do tipo de caixa eletrônico ou de máquina de cartão de crédito. Se houver a entrega do "canhoto" ao eleitor, estará restaurado o velho sistema de compra de votos e de achaque, criando a possibilidade da exigência da "comprovação" do eleitor pelo "dono da área". Coisas do tipo "compro o voto e pago, se me trouxer o comprovante". Isso seria o fim da garantia do voto secreto. Assim, falar de voto impresso não tem a simplicidade da fala dos demagogos e populistas.

Em 06/11/2013, o STF julgou inconstitucional a impressão do voto com base no princípio da proibição do retrocesso, considerando que o voto impresso fragilizaria o processo eleitoral, especificamente devido ao risco de violação do sigilo do voto.

Além de qualquer consideração, o sistema eleitoral precisa ser constantemente aperfeiçoado e as medidas divulgadas para que o modelo tenha reforçada sua confiança junto à população.

O sistema eletrônico de votação foi implantado no Brasil faz cerca de 25 anos, em 1996, 10 anos depois de iniciado o processo de consolidação do cadastro dos eleitores e de desenvolvimento da urna eletrônica, a partir de um projeto que envolveu engenheiros do INPE, do CPQD e das três Forças Armadas.

Existem algumas reclamações, foram apontadas algumas possíveis falhas, mas não se tem nenhuma comprovação de fraudes determinantes em resultados. Esse modelo de votação eletrônica foi implantado não somente pela modernidade, pela rapidez de votação e de apuração de resultados. Um dos objetivos também foi substituir o sistema de voto impresso, em "lápis e papel", com uma infinidade de estórias de falcatruas de toda ordem.

Qualquer sistema eleitoral precisa ter credibilidade para que as eleições e seus resultados sejam aceitos e celebrados como um dos grandes momentos da democracia. Os ataques ao modelo e as atitudes irresponsáveis vêm causando danos à credibilidade do sistema, agravado pelo investimento atual em fanatismo político. De qualquer forma, existe um dano real à credibilidade do processo e isso precisa ser recuperado. Para isso, há necessidade de ações do TSE (Tribunal Superior Eleitoral) em medidas que aperfeiçoem ao máximo o sistema, campanha de divulgação e medidas legais de responsabilização, quando necessário. Isso reforça a credibilidade do processo eleitoral e não dá base para ações fanáticas inconsequentes.

A resolução 23.574 de 2017, quando o atual Presidente do STF era presidente do TSE, instituiu um sistema de verificação em que são sorteadas urnas e submetidas à auditoria de uso em tempo real de votação, feita no dia das eleições, para checagem de seu funcionamento sistêmico visando afastar dúvidas quanto aos resultados. Esse mecanismo pode sofrer aperfeiçoamentos, inclusive com o uso da biometria dos eleitores, por exemplo. É mais uma das opções.

O mais importante de tudo é que o sistema seja auditável e que essas auditorias sejam transparentes e divulgadas. As medidas de aperfeiçoamento podem se basear na impressão do voto eletrônico, total ou por amostragem, na biometria, na verificação e auditoria pelos partidos políticos ou por grupos de partidos, por auditorias independentes, entre outros recursos. Já existe um sistema de verificação, preparação, segurança de guarda e de transporte das urnas eletrônicas. Isso precisa ser amplamente divulgado e aperfeiçoado, se necessário. Os partidos políticos e as lideranças são importantes nesse trabalho de verificação e divulgação. Todos são responsáveis pelo aperfeiçoamento, divulgação e consolidação da credibilidade do modelo utilizado, a fim de não permitir ações aventureiras impulsionadas pelo populismo, pelo fanatismo, pela irresponsabilidade e pela inconsequência.

CARLOS ALBERTO DOS SANTOS CRUZ
Militar reformado e Engenheiro Civil

# POR QUE ENVOLVER O EXÉRCITO EM CRISE POLÍTICA?

*O Estado de São Paulo, 12 de junho de 2021*

O Brasil não é a terra do ídolo inspirador do presidente e não irá se transformar em algo similar. Aqui, "EB" quer dizer Exército Brasileiro e não "Exército Bolsonarista".

O Exército enfrenta o mesmo problema das outras instituições brasileiras: o risco de erosão. Infelizmente, a mentalidade anarquista do presidente age para destruir e desmoralizar as instituições, e banalizar o desrespeito pessoal, funcional e institucional. Junto com seguidores extremistas, alimenta um fanatismo que certamente terminará em violência.

Para aventuras políticas pessoais, instituições sólidas e funcionais são sempre um imenso obstáculo. Projetos populistas e totalitários, não importa seu matiz ideológico, não avançam sem subverter a ordem, sem corrompê-la. E uma das instituições mais sólidas é o Exército (assim como a Marinha e a Força Aérea).

Ao invés de recuperação e aperfeiçoamento das instituições nacionais (algumas já deterioradas ao longo do tempo), assistimos, em vários casos, ao agravamento da situação já existente e à rápida e progressiva erosão, por exemplo, dos ministérios da Saúde, Justiça, Meio-Ambiente, Educação, COAF.

O presidente tenta, também, desmoralizar o sistema eleitoral, mas não apresenta as provas de fraude que diz possuir. Também semeia dúvidas sobre o Tribunal de Contas da União (TCU), valendo-se de relatório e dados falsos. No orçamento da União, apresenta uma nova forma de "mensalão" – o chamado orçamento paralelo. Nas Relações Exteriores, graças ao Senado, escapamos do vexame da quase nomeação de um embaixador esdrúxulo junto aos Estados Unidos da América, e agora temos à frente a investida demagógica de uma nomeação para a África do Sul. Oxalá o Senado poupe o Brasil de mais essa.

Esse é o contexto em que se desenvolve mais uma tentativa de erosão de uma das instituições de maior prestígio do Brasil – o Exército Brasileiro.

O caso do general no palanque, em mais um evento populista promovido pela autoridade maior, é da alçada do comandante da Força, que decidiu dentro das suas atribuições. Problemas disciplinares são resolvidos diariamente por todos os comandantes, nos diversos níveis. Não é esse o problema. O problema é muito maior e mais grave. É político. E tem um responsável – o presidente. Para realizar seu projeto pessoal, ele vem testando o Exército frequentemente. Isso é deliberado. É projeto de poder. Não acontece só por despreparo, irresponsabilidade e inconsequência. Isso é um processo planejado, que vem sendo implementado e tentado de forma sistemática. É também um processo covarde, pois as consequências são sempre creditadas a outras pessoas e instituições. Ocorre que a responsabilidade pessoal e funcional está muito bem definida e o responsável maior deve arcar com as consequências. É covardia transferir essa conta ao Exército. E é totalmente inaceitável a tentativa permanente de arrastar o Exército para o erro histórico de assumir um protagonismo político em apoio a uma aventura pessoal perseguida de forma paranóica.

O Exército não é e não pode ser uma ferramenta de uso pessoal, partidário ou de intimidação política. A missão do Exército não é auxiliar uns e outros em disputas eleitorais e em jogo de poder, dividindo os brasileiros. O Exército tem uma missão constitucional definida.

O Brasil precisa de PAZ, de UNIÃO NACIONAL, de governo que trabalhe e promova o desenvolvimento socioeconômico com boa administração. O Brasil precisa de políticas públicas sensatas, de combate à corrupção, eliminação de privilégios e redução da desigualdade social. Precisa de vacina e emprego. É preciso que o voto da maioria sirva para governar para o bem de todos e não para interesses pessoais, familiares ou de grupos de pressão. O Brasil não merece uma polarização entre quem já teve oportunidade de governar e se perdeu em demagogia e escândalos de corrupção e quem mostra diariamente que tem como objetivo um projeto de poder semelhante, apenas com sinal trocado.

O país não pode ficar entre dois polos que se alimentam e se comportam como cabos eleitorais um do outro. O Brasil não merece mais erosão em suas instituições. Ao contrário, nossas instituições precisam de melhorias e aperfeiçoamentos. A democracia depende do aperfeiçoamento institucional constante.

O Exército Brasileiro, assim como as outras instituições que compõem a nação, não pode continuar a ser covardemente prejudicado por causa de um projeto de poder pessoal e populista.

CARLOS ALBERTO DOS SANTOS CRUZ
Militar reformado e Engenheiro Civil

# O GOVERNO, A POPULAÇÃO E AS FORÇAS ARMADAS

*O Estado de São Paulo, 29 de agosto de 2021*

O presidente da República, senadores, deputados, prefeitos e vereadores são eleitos para assumirem suas responsabilidades e fazer o que é possível dentro da lei. O governo é eleito para governar e reforçar o regime democrático por meio do aperfeiçoamento das instituições, promover a paz social e o respeito pessoal, funcional e institucional.

Nenhuma autoridade pode ser agente de desmoralização e de enfraquecimento das estruturas existentes, promover fanfarronices, factoides, passeios com dinheiro público e alegar que não o deixam trabalhar. O populismo, a demagogia e a agitação social não podem ser praticados por autoridades.

A população, pelo voto, elege a pessoa e legitima a autoridade. Na democracia, o equilíbrio existe por uma dinâmica de forças entre os Poderes e outros núcleos de influência. As disputas e os conflitos são resolvidos dentro da legislação vigente. Também podem ser propostas modificações nas leis, dentro das normas e dos procedimentos que devem ser respeitados. Quando o equilíbrio é instável ou rompido, ele tem de ser restabelecido também de acordo com a lei.

Todas as manifestações públicas dentro da lei são válidas e importantes. Elas fazem parte do ambiente democrático, da liberdade de expressão e do jogo de pressões. O estímulo a soluções de força, fora da lei, com risco de violência, é criminoso e covarde. Aqueles que se perdem em suas ações têm de arcar com as consequências legais. Normalmente os extremistas, os incitadores da violência, desaparecem e ficam impunes, pois são covardes na sua essência. As pessoas, na sua luta por aquilo em que acreditam, seja qual for a linha, não devem cair na armadilha dos covardes, dos irresponsáveis e dos inconsequentes.

A convocação de manifestações não pode ser para transferir responsabilidades para a população, para outros Poderes, instituições e para as Forças Armadas. Isso é falta de coragem funcional. A responsabilidade é intransferível.

É difícil definir democracia. É mais fácil observar algumas de suas características, como o respeito, a liberdade, as eleições periódicas, a igualdade, a dignidade, etc. Uma das expressões mais famosas é a de que a democracia é o "governo do povo, pelo povo, para o povo". Isso é fundamento conceitual. Na prática, a responsabilidade governamental é transformar essa abstração em realidade com ações dentro da lei, que foi feita pelo povo, por intermédio de seus representantes, ao longo do tempo. As leis sempre podem ser melhoradas, aperfeiçoadas e ajustadas aos tempos atuais, dentro da ordem legal. Fora disso, é fuga da responsabilidade, demagogia, populismo, assembleísmo.

Uma manifestação, mesmo que numerosa, com toda a sua validade, não representa a vontade de um povo inteiro. O que representa a vontade de um povo, na democracia, é o voto, que pressupõe, de antemão, o respeito à decisão da maioria.

É desrespeito às instituições militares inventar falsas justificativas e interpretações de conveniência para empurrar seguidores a pedirem intervenção de Forças Armadas (FAs), usar o prestígio e o poder militar como instrumento de intimidação e pressão política, para atingir objetivos de poder pessoal e de grupos. As FAs não podem ser exploradas e desgastadas por interesse político.

Deturpar o artigo 142 da Constituição federal é artimanha e demagogia. Não é verdade que as FAs sejam garantidoras da independência e da harmonia entre os Poderes. Não é isso o que diz a Carta Magna. Não existe nenhuma pista no artigo 142 que ampare essa interpretação. Também não existe nenhuma legitimidade em considerar as FAs "poder moderador" por conta de qualquer narrativa de conveniência. As FAs existem para a defesa da Pátria, para a garantia dos Poderes constitucionais, da lei e da ordem. Não cabe no Brasil atual a ideia de interferência de FAs no funcionamento e exercício dos Poderes da República.

Não estamos na Guerra Fria, no pós-2ª Guerra Mundial. Estamos em 2021. O Brasil não vive uma opção única entre a ameaça de caos e um "salvador da pátria", uma disputa entre amigos e inimigos, direita x esquerda. Isso é manipulação da opinião pública e a redução do nosso país à mediocridade da divisão social binária. Os problemas reais de nosso povo são a corrupção persistente, a fome, o desemprego, a falta de saúde pública, de educação, de segurança pública, de aplicação da lei, a desigualdade social e os privilégios imorais.

Extremos de qualquer matiz não podem impor suas agendas. Aventureiros não podem ser tolerados.

A Constituição e a legislação têm todos os recursos para encaminhar soluções legais. A manutenção ininterrupta de campanha política, de conflito permanente, causa prejuízo à paz social e insegurança, com consequências negativas principalmente para as atividades econômicas e para a vida dos mais necessitados. O governo precisa é transmitir equilíbrio, paz social, cumprir as leis, dar atenção aos principais problemas e exercitar a habilidade política nas disputas.

CARLOS ALBERTO DOS SANTOS CRUZ
Militar reformado e Engenheiro Civil

# "O 7 DE SETEMBRO É DIA DE CELEBRAÇÃO E NÃO DEVE SER TRANSFORMADO EM DIA DE CONFLITO"

*O Estado de São Paulo, 6 de setembro de 2021*

7 de Setembro é o aniversário da Independência do Brasil. Dia especial, sempre comemorado com desfiles escolares e militares, recreação e atividades culturais exaltando a história e as cores nacionais.

Neste ano, o feriado e as cores nacionais foram sequestrados por interesses políticos.

As manifestações dentro da lei são válidas e importantes. As liberdades de expressão e de opinião são fundamentais. No entanto, não se deve confundir liberdade de opinião com liberdade de acusação e de ações irresponsáveis.

A vontade popular é bem intencionada. Os fanáticos não representam a maioria da população ordeira que se manifesta. Extremistas não representam aqueles que votaram por transformações em ambiente de paz, legalidade e prosperidade.

Não é hora de rodeios. Os riscos precisam ser avaliados e mitigados, pois a politização, o extremismo e a manipulação da opinião pública ameaçam gravemente o Brasil. Alguns "super-heróis" irresponsáveis de internet empurram pessoas de boa-fé para o radicalismo e a violência. Aqueles que estimulam ilegalidades desaparecem e ficam impunes, deixando o preço para os inocentes úteis. Os fanfarrões estimulam ações, mas não têm coragem de assumir responsabilidades e nem são os primeiros a liderar as ilegalidades propostas.

O fanatismo de pessoas e grupos sempre acaba em violência. Se não generalizada, ao menos em atos isolados. As autoridades, e as pessoas de bem não podem deixar que isso aconteça. Normalmente a maioria é motivada por interesses honestos, mas os extremistas são motivados por interesses pessoais, campanha política e ideologia extremada.

Há poucos dias, em visita do presidente da Guiné-Bissau ao Brasil, a Esplanada dos Ministérios teve os postes enfeitados alternadamente, de maneira organizada, com as cores verde e amarela do Brasil e verde, amarela e vermelha da Guiné-Bissau. Vi pessoas indignadas, dizendo que era absurda a ousadia da "esquerda"; vi outros dizendo que era coisa "da direita", tentando incriminar a esquerda, violando as cores verde e amarela com a cor vermelha. Esse é um exemplo do fanatismo ignorante e inconsequente. Os extremos sempre irão se acusar mutuamente.

Populistas e oportunistas se manifestam de maneira demagógica, com discursos incentivando a violência e palavras de ordem sem objetividade, mas com aspirações teoricamente válidas – "liberdade", "segunda independência" (de quem?), "última excelente oportunidade" (para que?), "estamos em guerra" (com quem?), ultimatos fanfarrões sem dizer para quem, incentivo para comprar armas por motivação política (total irresponsabilidade e inconsequência), Brasil à beira do abismo, teoria da conspiração e, finalmente, a grotesca necessidade de um salvador da Pátria. Tudo isso estimula o ódio e a agressão a instituições e pessoas.

Militares (Forças Armadas, policiais e bombeiros) têm o direito de ter preferências políticas e partidárias, mas também têm responsabilidade institucional. Militares fazem parte de instituições que têm como fundamentos a disciplina e a hierarquia. São instituições armadas para defender a Pátria, as instituições, a lei e a ordem. Não é possível ser militar apenas quando interessa. Os militares têm responsabilidade institucional com o Estado brasileiro, com a Constituição, e não podem cair na armadilha de serem arrastados como instrumento de uso político individual e de grupos. Policiais e bombeiros militares são muito bem preparados, têm sua estrutura hierárquica estadual subordinada aos governadores e são comprometidos com a proteção das populações de seus Estados. Incentivar militares a romper suas obrigações legais e seu comportamento institucional e estimular a quebra da disciplina e da hierarquia é subversão. Sempre foi.

Casos isolados de violação da disciplina não caracterizam as instituições e precisam ser tratados pelas autoridades de acordo com a lei.

O governo não pode jogar a sua responsabilidade política para as Forças Armadas e as Polícias Militares. Ele precisa é ter coragem e capacidade de assumir as suas obrigações.

A maneira mais eficiente de corrigir e evitar problemas é governar corretamente, promover a união e a paz social, estabelecer critérios, praticar a transparência ao máximo, combater a corrupção, eliminar privilégios e reduzir a desigualdade social.

A grande massa das pessoas de bem, motivada por boas intenções, não deve servir de escudo para extremistas, irresponsáveis e inconsequentes.

O 7 de Setembro é dia de celebração e não deve ser transformado em dia de conflito.

CARLOS ALBERTO DOS SANTOS CRUZ

Militar reformado e Engenheiro Civil

# A APLICAÇÃO DA LEI
# É FUNDAMENTAL PARA
# A DEMOCRACIA

*Canal My News, 5 de outubro de 2021*

Mais um mês se foi. No 7 de Setembro, a nossa história, os feitos heroicos e as nossas necessidades e esperanças não foram lembradas. Não se fez uma prece pelos quase 600 mil brasileiros mortos pela pandemia da Covid-19 e nem se lançou uma palavra de esperança para os milhões de desempregados. Não se esboçou uma palavra sobre a inflação, o CRESCIMENTO DA POBREZA E DA FOME, a vergonhosa desigualdade social e a necessidade de combater a corrupção e os privilégios. Nada disso mereceu atenção.

O 7 de Setembro não foi o dia de celebrar a nossa Independência, a luta pelos ideais, pelo desenvolvimento político, econômico e social. A data foi sequestrada politicamente.

As manifestações e reivindicações foram ordeiras por parcela da população e caminhoneiros. As Polícias Militares mostraram profissionalismo, acabando com aquela suspeita absurda de que alguns iriam transgredir a disciplina, a hierarquia, e não cumprir suas obrigações legais para seguir conselhos irresponsáveis e aventureiros.

Pessoas crédulas se manifestaram motivadas pela esperança de um país melhor. Os fanfarrões que dão as ideias ilegais desapareceram. Covardes, eles nunca estão na primeira linha.

Na Avenida Paulista, mais uma vez o extremismo, a fanfarronice de confrontação, de desrespeito à lei. O show!

Não se pode exigir 100% de acerto de um governo e de governantes. Voltar atrás em decisões equivocadas, em erros pessoais ou funcionais é até recomendável. Mas isso não pode ser parte de uma farsa, de comportamento de velhaco. Tem que ter coragem verdadeira de colocar a cara na frente da tela e do microfone (igual à fanfarronice da Av. Paulista dois dias antes). Chamar outro para fazê-lo é falta de coragem moral, é covardia, embuste, simulação e artimanha. O recuo falso, mentiroso, não convence ninguém. Conciliação e diálogo são atitudes sérias e nobres. Não é para usar como "jeitinho brasileiro" para garantir a impunidade.

É importante que todos os que violem a lei respondam por seus atos. Todos, e não apenas alguns. Se isso não acontecer, vamos continuar nessa histeria política, nessa esquizofrenia social de desrespeito, de "motociatas", "tanqueciatas", *jet-ski*, desencanto de reversão de decisões sobre os problemas passados, demagogias e falta de seriedade com o dinheiro público e com os princípios da democracia.

E de quebra, Nova Iorque – trem da alegria, discurso de que acabou com a corrupção e até vacina (!). A CPI expondo os absurdos inimagináveis ocorridos na pandemia. Combustível, gás (faz pouco tempo do último show da Petrobrás!). O combate à corrupção em queda (Lei da Improbidade) e a reforma eleitoral salvando a todos. E falta um ano para as próximas eleições. Temporada para fanatismo, demagogia e bom tempo para os viciados em dinheiro público.

O Brasil tem que acordar desse pesadelo. O Brasil precisa de novas opções.

O Brasil vai assim até quando, de confusão em confusão? De show em show?

O Brasil, entre outras muitas coisas, precisa de PAZ SOCIAL e SERIEDADE. Atualmente não tem nenhuma das duas. O Brasil precisa desenvolver a responsabilização política e não deixar aventureiros manipularem a opinião pública.

Ou o Brasil se leva a sério e começa a construir novos parâmetros de comportamento, de responsabilização e de negociação política, ou perpetua a farsa de "artistas" políticos.

A PAZ SOCIAL e a normalidade da vida política e econômica precisam retornar e ser desenvolvidas simultaneamente com a aplicação da lei na medida justa, rejeição ao fanatismo e diálogo verdadeiro.

Não é com impunidade e falta de responsabilização política que o Brasil vai resolver seus problemas. A impunidade alimenta fanfarrões, covardes e todo tipo de viciados em dinheiro público.

A aplicação da lei para todos é um dos fundamentos da democracia.

CARLOS ALBERTO DOS SANTOS CRUZ
Militar reformado e Engenheiro Civil

# ATAQUE DE HISTERIA

*Canal My News, 18 de novembro de 2021*

A entrada de Sergio Moro no cenário político acarretou a reação dos extremistas de direita e de esquerda e dos viciados em dinheiro público, espalhados por todo espectro político/ideológico, que têm medo do combate à corrupção.

O medo é da imagem do ex-juiz, que trouxe a única esperança de combate ao roubo do erário no Brasil. Eles fazem de conta não enxergar que a proposta é de um projeto de Brasil, um projeto de país, logicamente com um capítulo dedicado a estancar a roubalheira de recursos públicos.

Mas Sergio Moro é muito mais do que isso. Na sua apresentação, abordou amplo espectro de assuntos e mostrou determinação e confiabilidade. Por isso, a ansiedade dos extremistas virou ataque de histeria, porque extremistas são todos iguais. Do bolchevismo ao bolsonarismo.

Não se deve confundir o extremista com o eleitor normal, que tem as suas preferências, sejam elas quais forem. Eles, os extremistas, tampouco se confundem com potenciais adversários políticos que, de maneira racional e civilizada, mantêm suas disputas em ambiente de respeito e diálogo, possibilitando a construção de entendimentos.

Alguns extremistas reagem para continuar com acesso direto ao dinheiro público, o que atualmente é facilitado. Outros, para manter a impunidade ou por fanatismo. E alguns até por tudo isso. Mas todos escondem seus objetivos com o embuste das narrativas ideológicas ou, como surgiu agora, com a preocupação com os pobres!

O incentivo ao fanatismo é um dos problemas nacionais. Ele não está só criando problemas entre familiares e destruindo amizades. O fanatismo aprofunda a divisão do país, gera violência e incentiva o crime. Por enquanto, apenas aqueles crimes classificados no Código Penal como calúnia, difamação e injúria.

O fanatismo, atualmente se valendo dos recursos de mídia, emprega a tática usada pelos totalitarismos de esquerda e direita para manipular a opinião pública: o culto à personalidade, a substituição de discussão de ideias por ataques pessoais e o assassinato de reputações.

O fanatismo é irracional e se alimenta dele mesmo. Aceita e até promove o aparelhamento das instituições. Os fanáticos, independentemente da categoria profissional, do nível cultural, se comportam como uma seita.

O presidente da República que aí está venceu uma eleição legítima e assumiu, trazendo consigo a esperança de realizações (como todos os presidentes). Beneficiou-se do sentimento anti-PT (criado pelo próprio PT) e sequestrou o discurso de combate à corrupção.

No entanto, despreparado e irresponsável, traiu as expectativas, traiu os eleitores e traiu o que disse na campanha. É o símbolo da traição pessoal e institucional. Traiu o Brasil da mesma forma que, no dia 8 de setembro, traiu aqueles que acreditaram na fanfarronice alardeada no dia 7. Mais um descarado embuste político!

DEMOCRACIA NA PRÁTICA

O presidente entregou os recursos públicos e a chave do cofre para comprar apoio e dificultar a responsabilização. Contentou-se em ficar só com o microfone, a moto, o *jet-ski* e o avião para continuar o show.

O desrespeito foi estabelecido no país. Desrespeito pessoal, funcional e institucional. Mesmo as Forças Armadas, apesar da qualidade de seu pessoal (de soldado a general), da cultura profissional e da qualidade dos seus comandantes em todos os níveis, também sofrem os desgastes decorrentes do comportamento irresponsável, demagógico, populista e mal intencionado de quem tem a obrigação de respeitá-las e prestigiá-las. Felizmente, as Forças Armadas são sólidas na sua disciplina e na sua estrutura hierárquica e têm uma forte relação de confiança mútua com a sociedade.

As pessoas fanatizadas, sejam elas de qualquer categoria profissional, grau de escolaridade e grupo social, aceitam qualquer imoralidade e qualquer justificativa. Acreditam que o Hugo Chávez brasileiro é o "salvador da pátria" contra o comunismo, algo que ele ouviu falar, mas não sabe do que se trata. O importante é a manipulação da opinião pública.

Os extremistas acreditam que o Brasil, agora sim, tem um líder "conservador-patriota-de direita". Conservador de que?

A resposta a essa pergunta é até cômica. Patriota é quem une o país e promove o respeito e o aperfeiçoamento das instituições e não um representante da escória política cujo linguajar é chulo e inaceitável. Patriotas são todos os cidadãos de bem nesse país. Populista não é de direita nem de esquerda. É simplesmente populista. Assim como Lula destruiu a esquerda, Bolsonaro está destruindo a direita.

Os fanáticos, orientados por uma indústria de notícias falsas (*fake news*) sem escrúpulos, não hesitam em transformar o Brasil em um campo de ataques pessoais. Acabou a discussão de ideias.

Para manipular a opinião pública, usam sempre os mesmos chavões como globalistas, melancias, comuno-isentões ou, simplesmente, comunistas, sem dispensar o "recurso intelectual máximo" do palavrão. Tentam transferir para outros uma das características principais do seu "salvador da pátria" – a traição.

Tudo isso resulta da idiotização produzida pelo fanatismo e da tática criminosa copiada dos modelos totalitários. Haja vista os fanáticos que se auto promoveram à categoria de super-heróis de *WhatsApp*, de guardiões da pátria, de proprietários do patriotismo, das cores e dos símbolos nacionais (que são de todos os brasileiros), fazendo uso deles para o seu maniqueísmo, seus devaneios e demagogia.

A existência de meia dúzia de extremistas que acreditam em ideologias ultrapassadas não é o problema do Brasil. Esses representantes ideológicos, anacrônicos, serão inexpressivos e neutralizados pela sociedade, pela evolução e pelo progresso. O problema do Brasil é a fome, o desemprego, a desunião, a indecente desigualdade social, a imoralidade dos privilégios, o populismo, a qualidade do serviço público, a Educação, a Saúde, a Justiça, a desunião, o desrespeito e também, é claro, a histórica e profunda cultura de fraude e corrupção. Infelizmente, o fanatismo também já pode ser acrescentado nessa lista.

O Brasil não pode ficar entre o dilema de uma polarização que só vai trazer prejuízos para o país. Temos opções fora dessa polarização inútil e altamente prejudicial. O Brasil não está condenado a essa mediocridade.

Nosso país tem jeito e a política pode ser séria. Existem muitos políticos sérios. Não precisamos desse show de baixo nível, quase que diário, de mensalão, de orçamento secreto, de festa de viciados em dinheiro público.

O ataque de histeria de pessoas e de grupos do tipo proprietários do patriotismo, guardiões da pátria, e super-heróis de *WhatsApp*, é sintoma positivo da presença de Sergio Moro e de outras opções no cenário político. É o começo do fim da polarização.

Eu vou apoiar Sérgio Moro nesse projeto. Um projeto para melhorar a vida dos brasileiros através da união nacional, do respeito e do aperfeiçoamento institucional.

CARLOS ALBERTO DOS SANTOS CRUZ
Militar reformado e Engenheiro Civil

# UM PAÍS DOENTE DE CORRUPÇÃO E FANATISMO

*Correio Brasiliense, 18 de dezembro de 2021*

A corrupção é o câncer brasileiro. Não só é crime organizado, como institucionalizado. Os mecanismos de defesa da corrupção ao longo da História criaram uma tolerância descabida à prática do roubo do dinheiro público. Naturalizaram o "rouba mas faz". Criaram a crença de que "é assim mesmo", de que "não é possível governar" sem fechar os olhos ao roubo do povo brasileiro. As vítimas da corrupção não têm "cara"? Têm, sim. Cada vítima tem um rosto. É o rosto de cada um de nós, principalmente dos mais desfavorecidos.

A corrupção e seu suporte histórico precisam ser atacados: privilégios imorais, foro privilegiado, mau funcionamento da Justiça, impunidade, prisão em segunda instância, progressão da pena etc. O enraizamento da cultura da corrupção e seus mecanismos na sociedade conseguem sempre colocar na prioridade um outro problema mais urgente. A própria corrupção produz um problema mais urgente do que ela para poder se perpetuar. É a estratégia para que nunca fique em primeiro lugar na lista de problemas a resolver.

Em consequência de vícios históricos e outros problemas circunstanciais, hoje a prioridade do Brasil é resolver o problema do auxílio aos necessitados, do desemprego! Essa é a emergência! Não quer dizer que outros problemas não sejam urgentes, até porque são eles que sustentam o ciclo de fome, miséria, falta de qualidade no serviço público, ensino, saúde etc.

Nos últimos anos, o fanatismo político veio se somar ao câncer da corrupção, deixando o país mais doente ainda. Fanatismo e extremismo, sejam de "direita, esquerda ou centro", permitem manipular a opinião pública. O fanatismo e a corrupção toleram privilégios, protegem o foro privilegiado, sustentam a impunidade, promovem aparelhamento e desmoralização das instituições. Nesse contexto, viceja toda forma de crime: corrupção, mensalões, petrolões, roubo de fundos de pensões, orçamentos secretos, viagens e "festas" com dinheiro público, controle de áreas e atividades pelo crime organizado e pelas milícias etc. Os fanáticos intoxicam a população, manipulam a opinião pública, espalham *fake news*, desinformam, assassinam reputações, fabricam falsos mitos, cultuam personalidades, fazendo crer que precisamos de "salvadores da pátria". Não precisamos! O Brasil precisa é de instituições fortes, de união, de solução dos problemas nacionais.

O Brasil não aguenta mais governantes mentirosos, traidores de seu próprio discurso, estelionatários eleitorais, covardes, corruptos, despreparados, que não assumem a responsabilidade de suas funções. O país não pode ser governado por viciados em dinheiro público, apoiados em milícias digitais e gangues virtuais que consideram os brasileiros um povo idiota. Basta de governos que promovem desunião e divisão social em busca de projetos de poder pessoal, familiar, de grupos e partidos! O brasileiro não é estúpido e não se deixará arrastar para a mediocridade de uma campanha eleitoral suja e rasteira, baseada em mentiras, *fake news* e desinformação.

O fanatismo sempre leva à violência e ao desrespeito. Está deteriorando e infectando relações pessoais, sociais e familiares. Está destruindo amizades por causa de governantes que não têm princípios nem compromisso com ninguém nem com nada, que serão temporários seja em dez meses ou quatro anos e dez meses, mas temporários de qualquer modo. O prejuízo ficará para famílias, instituições, amigos e o povo brasileiro... A vigarice seguirá em frente, na busca incessante da impunidade.

O Brasil não pode continuar na mão de aventureiros sem projeto de Brasil se dizendo patriotas e "salvadores da pátria". Patriota é todo cidadão que ama seu país e leva vida decente, e não um pequeno bando de viciados em dinheiro público, benesses funcionais e foro privilegiado. O Brasil precisa de união. Precisa rejeitar os extremistas e a polarização, repudiar o show político que tenta encobrir o despreparo e a incompetência. O Brasil tem de dizer "não" à armadilha do populismo, do embuste e da polarização. O Brasil não pode continuar vítima da corrupção e do fanatismo. A eleição é o remédio democrático para essas duas doenças.

A sociedade precisa exigir uma campanha com propostas de soluções, e não aceitar um show político populista, baseado numa indústria de *fake news* e demagogia.

CARLOS ALBERTO DOS SANTOS CRUZ
Militar reformado e Engenheiro Civil

# A ARMADILHA DA POLARIZAÇÃO E A REGRESSÃO INSTITUCIONAL

*Correio Brasiliense, 20 de fevereiro de 2022*

Ao longo da história, o Brasil cultivou muitas virtudes e também graves defeitos. Entre estes, desigualdade social, privilégios, corrupção e impunidade. Eles estão entranhados na cultura e nas instituições. Os privilegiados e os corruptos sempre querem que tenhamos o foco em outra direção, para que nossa observação seja desviada para outros problemas, em geral criados ou agravados por eles mesmos.

É importante avaliar o impacto da corrupção, da impunidade e dos privilégios para o agravamento da pobreza, da fome, do desemprego, da educação, da saúde etc.

Não faz muito tempo, a sociedade pensou que iria haver mudanças. No mínimo a inibição do crime organizado no desvio de dinheiro público, quando pessoas consideradas importantes, com *status* político, riqueza e influência social foram investigadas, julgadas, condenadas e iniciaram o cumprimento de penas em consequência de seus crimes. O Brasil viveu uma onda de esperança quando acreditou que era possível vencer esses cânceres brasileiros – a corrupção, a impunidade e os privilégios.

Essa esperança inundou o Brasil e teve reflexos no mundo por causa do Judiciário, do Ministério Público, da imprensa e do apoio popular.

A personificação das ações se concentrou no então juiz Sérgio Moro e em alguns procuradores e investigadores, que continuam sendo exemplo de coragem e esperança para o Brasil.

O atual presidente surfou no tema do combate à corrupção, na Lava Jato e no ex-juiz Sergio Moro. Mas a frustração veio rápido. O ativismo político e o "conservadorismo" reagiram. O presidente eleito é mais um estelionatário eleitoral. No linguajar mais popular, um "traíra" do seu próprio discurso, das promessas de campanha, da expectativa dos eleitores.

Existem pessoas que, acostumadas a desfrutar dos privilégios e do acesso aos recursos públicos, têm receio de Sergio Moro. Receio do que? Da transparência, da publicidade dos atos políticos e administrativos, da responsabilidade fiscal e financeira e da liberdade de imprensa? Esse receio, reforçado pelo ativismo político, é responsável pela reação ao pré-candidato Sérgio Moro. Esse receio une extremistas de esquerda e de direita (sem qualquer crítica àqueles que são de direita e esquerda e não são extremistas). A alegação de que Sérgio Moro não tem experiência é mais uma mentira ao povo brasileiro, pois praticamente todas as falcatruas de conhecimento público foram feitas por gente considerada experiente na política.

A frustração de 2018 é a armadilha de 2022.

Em 2018 não houve debate qualitativo e o Brasil caiu em mais uma vigarice eleitoral. O Brasil foi traído. Agora, a armadilha é colocar o Brasil entre dois candidatos populistas. Um, ex-presidente que já governou por dois mandatos, elegeu a sucessora e deu no que deu. Desnecessário relembrar os motivos do desgaste, a demagogia socialista, os adeptos de um comunismo anacrônico, os escândalos financeiros, os assaltos aos fundos de pensão etc. O ex-presidente reaparece no cenário político, acompanhado de algumas figuras conhecidas por sua participação na política e na administração pública.

Do outro lado, o atual presidente, visivelmente despreparado, fanfarrão, irresponsável, apoiado por uma indústria de *fake news*, tentando de toda forma desacreditar a imprensa para que o povo acredite na fábrica de mentiras produzida por uma milícia digital que tenta manipular cada vez mais a opinião pública.

O Brasil não pode seguir os passos do que de pior foi praticado em todos os sistemas totalitários: a) a divisão da sociedade; b) a manipulação da opinião pública; c) o culto à personalidade, à demagogia e ao populismo; d) a falta de transparência dos gastos públicos e) a busca do salvador da pátria; f) o assassinato de reputações; e g) a polarização pura e simples, com a falta de discussões de ideias. Isso sem entrar em considerações de aparelhamento de instituições.

Nenhum governo pode desrespeitar a população ao ponto de fabricar uma cena digna do "Oscar" de ator e diretor mais medíocres no cenário político, representando um porcalhão comendo farofa. Essa imagem grotesca corre o mundo, mas isso não é o Brasil e nem os brasileiros. Só uma imaginação doentia para conceber cena tão idiota.

O povo brasileiro não pode continuar acreditando em salvadores da pátria, ser vítima do populismo, ser manipulado por *fake news* fabricadas por bandidinhos de internet.

Os males e os problemas políticos, culturais, administrativos, os vícios e defeitos da nossa sociedade precisam ser tratados por pessoas razoáveis, equilibradas e não por um bando de desqualificados, de interesseiros profissionais, de viciados em dinheiro público.

A prioridade do Brasil é o combate à pobreza. Para isso, o país precisa de políticas públicas sem populismo eleitoral para a compra de votos e de apoio político, jogando a conta no CPF Brasil por anos a frente. Se, em 2018, o sentimento anti-PT, criado em grande parte pelo próprio PT, serviu como apoio à eleição do atual presidente, agora a situação é inversa: a desqualificação para o cargo e a permanente compulsão de dizer e fazer besteiras fazem do presidente Bolsonaro o grande cabo elitoral do ex-presidente Lula.

O Brasil precisa se unir para quebrar essa polarização, para ter um ambiente honesto e civilizado, combater a pobreza e a desigualdade social, reativar a economia, prover serviço público de qualidade (como educação, saúde e segurança pública). Nessa luta, três medidas são fundamentais: acabar com a reeleição, extinguir o foro privilegiado e fazer esforços para aprovação da prisão em segunda instância. Isso tem que ser compromisso e precisa ser cobrado de modo contundente pelo povo já nas urnas e também posteriormente à eleição.

O Brasil não pode ficar preso nessa armadilha! O Brasil não pode regredir institucionalmente!

CARLOS ALBERTO DOS SANTOS CRUZ

Militar reformado e Engenheiro Civil

# ENTRE O BEM E O MAL? POR ENQUANTO, ENTRE O MAL E O MAL!

*Correio Brasiliense, 7 de abril de 2022*

De show em show o tempo vai passando. A ação desastrada contra a manifestação política de artistas no Lollapalooza mostra não só o baixo nível de entendimento do que é liberdade de expressão, mas também medo e falta de inteligência. Por outro lado, existem atitudes que, alegando falsamente o direito de liberdade de expressão, possibilitam a prática da desinformação, da mentira, e escondem crimes cometidos pela indústria de *fake news*, produzidas por bandidos de internet que integram milícia digital, gangue virtual, tudo com a finalidade de manipular a opinião pública.

O cabo eleitoral do ex-presidente, mais uma vez, mostra sua competência em favor do seu opositor, ao fazer mais um comício no estilo de show populista, em que o destaque no palco também foram alguma figuras famosas na política. É um conjunto de incoerências que gera efeitos contrários aos próprios interesses. É uma simbiose de falta de princípios, demagogia e falta de inteligência. É a aposta na manipulação da opinião pública.

Dizer que o Brasil, nas próximas eleições, terá de optar entre o bem e o mal pode até ser verdade. Vai depender do cenário do segundo turno. Por enquanto, o Brasil está entre o mal e o mal. A demagogia é parte da fanfarronice, da vigarice político-eleitoral. Isso faz parte do contexto de campanha permanente, do feriadão do milhão, das motociatas, do *jet-ski* etc. Tudo com dinheiro público.

Querer se apresentar como representante do bem, como salvador da pátria, é um discurso rasteiro para um país que tem sérios problemas para resolver e precisa fazê-lo por meio do funcionamento das instituições e da prática política. O Brasil não precisa de salvador da pátria. O povo brasileiro não pode ser enganado e traído como foi com as promessas de 2018. É mais uma vigarice. É só dar uma olhada em algumas fotos do palanque: não oferecem esperança para o Brasil. Só faltou a musiquinha famosa da convenção de 2018 para enganar os eleitores. Mas, naquela oportunidade, não dava para cantar. Seria um realismo suicida.

É o conservadorismo dos privilégios e dos vícios. Essa agiotagem política ou é inconsciente por causa do vício, ou é intencional e tem base na experiência de produzir espetáculo que deu certo por décadas para os interesses pessoais, mas sem produzir nada para o público. O Brasil precisa dar fim a esse show, repudiar a polarização e dar oportunidade a outros que olhem para o futuro. O Brasil possui novas opções para seguir em frente.

O país não merece a continuação da mediocridade e da regressão institucional. O Brasil não pode ficar entre o mal e o mal.

Muitos problemas são mais por sem-vergonhice, malandragem, "esperteza" e vícios do que por disputas ideológicas. A ideologia é por conta de poucos retrógrados e demagogos que ficarão inexpressivos e neutralizados se os problemas forem solucionados.

O país precisa ter o foco em: união nacional; economia; geração de empregos; fim da reeleição e do foro privilegiado; auxílio aos vulneráveis e diminuição da desigualdade social; educação; saúde; respeito; combate à corrupção; transparência etc.

Nesse momento, democracia, na prática, significa a solução dos problemas da nossa população e do nosso país. A democracia e sua defesa precisam ser consolidadas pelo trabalho constante para a solução dos problemas existentes. Fora disso, é show, é dar oportunidade para demagogos e aventureiros.

CARLOS ALBERTO DOS SANTOS CRUZ

Militar reformado e Engenheiro Civil

# A SOLUÇÃO É POLÍTICA!
# E É URGENTE!

*O Estado de São Paulo, 25 de abril de 2022*

As forças políticas de centro precisam mostrar capacidade de apresentar à sociedade brasileira pelo menos mais uma opção viável, equilibrada, para a próxima disputa presidencial. O Brasil não pode ficar com apenas duas candidaturas, extremamente polarizadas, que se alimentam mutuamente e que funcionam como cabos eleitorais recíprocos. O país precisa de mais opções. Não apresentá-las é desconsideração com a nossa população.

A disputa polarizada tende a ser uma briga de xingamentos e acusações, sem os debates que a sociedade precisa sobre os programas de governo e propostas de solução para os problemas nacionais. Uma disputa entre dois candidatos que não apresentam o que o Brasil precisa: objetivos claros, transparentes, certeza de execução com os compromissos assumidos e esperannça no futuro.

Os riscos de mais quatro anos com o ex-presidente ou com o atual presidente, ambos com seus grupos já conhecidos, são bastante evidentes: campanha de baixo nível, rasteira; investimento no fanatismo e na manipulação da opinião pública através de uma avalanche de *fake news* cada vez mais profisionalizada e ousada; promoção do "salvador da pátria"; falta de combate à corrupção; e fanatismo que pode desaguar em violência, pelo menos localizada.

O Brasil precisa ser líder de práticas democráticas, de seriedade e de responsabilidade política e não de liderança de populismo latinoamericano e até mesmo mundial.

A democracia precisa ser reforçada e aperfeiçoada com a união nacional e com o respeito às pessoas, às funções e às instituições. O país precisa ser unido e as divergências respeitadas para que possa enfrentar seus graves problemas. Para a solução dos problemas econômicos, da fome, da inflação, da redução da desigualdade social, do auxílio aos necessitados, é fundamental a total transparência e publicidade no orçamento e na aplicação dos recursos públicos, a integração dos órgãos de controle e a responsabilização. O populismo econômico, irresponsável, torna o futuro mais sombrio ainda.

Os conflitos entre poderes e os embates políticos precisam ter como resultado a apresentação de propostas de aperfeiçoamento institucional. Os conflitos sem resultados práticos positivos levam apenas à intoxicação social e à esquizofrenia política. O Brasil precisa resolver seus problemas e isso não se faz em ambiente de conflito, de espetacularização, de show permanente. Isso rouba as energias da sociedade e a capacidade produtiva de todos os brasileiros. Precisamos de harmonia, saúde, educação, segurança pública, justiça, solidariedade etc.

Os poderes Executivo, Legislativo e Judiciário precisam responder aos anseios da população brasileira, tais como a responsabilização, a total transparência da administração pública e o combate à impunidade. No presidencialismo, o comportamento equilibrado do Executivo, sem populismo, é de influência marcante e fundamental para os aperfeiçoamentos necessários à prática política e à melhoria no funcionamento demais poderes e instituições.

DEMOCRACIA NA PRÁTICA

A política não tem necessidade de ser obscura, regada a dinheiro público e atender a privilégios e interesses pessoais. A classe política deve e pode se autovalorizar, para que seja vista de maneira mais positiva pela sociedade.

É através da política que os problemas são resolvidos. Para isso, a política precisa ser desvinculada ao máximo das benesses e dos vícios ligados aos recursos públicos, alguns deles escandalosos.

A eleição que se aproxima precisa significar uma oportunidade de possíveis mudanças, de maior seriedade nos compromissos assumidos pelos políticos e de exigências pela população. A eleição precisa significar esperança! Para isso, dois compromissos são fundamentais: o fim da reeleição para cargos executivos, que tantas falsas promessas, deformações de comportamento e prejuízos vêm causando ao Brasil; e o fim do foro privilegiado, para que todos sejam realmente iguais perante a lei e para romper laços que impedem a independência dos poderes, que é um dos princípios da democraia. Essas medidas são necessidades imediatas, independentemente das outras reformas e ações urgentes necessárias para reduzir a desigualdade social, melhorar a educação, a economia, a saúde, a Justiça, a segurança pública etc.

O Brasil precisa sair da intoxicação ideológica e exigir compromisso e responsabilização legal às promessas não cumpridas em campanhas políticas. Precisa resolver seus problemas reais dentro dos princípios da democracia. As eleições estão aí para isso. Precisamos de novas caras na política e também de novas formas de exigir o cumprimento de promessas!

É hora da classe política mostrar alternativas para a sociedade brasileira. Pelo menos uma! Todas as forças políticas de centro precisam se unir e apresentar mais opções para os eleitores. Opções essas que tragam esperança de novo comportamento político, de futuro, de desenvolvimento com união e paz social. O Brasil não pode seguir no caminho indicado pela polarização. Há necessidade URGENTE de sair da armadilha do radicalismo.

CARLOS ALBERTO DOS SANTOS CRUZ
Militar reformado e Engenheiro Civil

# DÊ UMA CHANCE AO BRASIL! ELE PRECISA DE TODOS NÓS!

*O Estado de São Paulo, 29 de maio de 2022*

A sociedade está com os nervos à flor da pele, violenta e desunida, pressionada por problemas básicos de sobrevivência, preocupada com a economia, a saúde e as instituições. O cidadão comum desconfia dos políticos, alguns dos quais há décadas tratam os cidadãos como idiotas, roubam e desperdiçam recursos públicos.

O Brasil precisa ser mais justo, menos desigual, sem privilégios e orientado por princípios democráticos; com valorização das instituições e das pessoas.

O país precisa de novos rumos e novos comportamentos na política e na administração pública. Só os cidadãos podem afastar os embusteiros, os ladrões e os covardes. Isso é feito pelo voto. A eleição que se aproxima precisa representar esperança, expectativa de mudança, oportunidade para o país.

Não se pode aceitar que "foi sempre assim". Temos que acreditar que mudanças são possíveis!

## Se você não aceita ...

Que o Brasil seja desunido e manipulado por demagogos e fanfarrões que estimulam o fanatismo e a desunião, a divisão social, a violência e a manipulação da opinião pública;

Corruptos falando em combater corrupção; que mensalão é diferentes de "orçamento secreto"; que roubo "de direita" é diferente do roubo "de esquerda"; petrolões, tratoraços, roubos de fundos de pensão; manipulação da opinião pública repetindo a ladainha de que a corrupção acabou no governo; que crimes não existiram por que a Justiça anulou, arquivou ou prescreveu;

Irresponsáveis do tipo – não fui eu; eu não sabia; a culpa não é minha: foi do governador, da Justiça, do outro partido, do outro governo, da pandemia, da guerra etc; mentirosos, traíras que dizem em campanha o que o povo quer ouvir e não têm nenhum compromisso com o prometido;

Que um país com 216 milhões de habitantes, 6 bilhões de reais de fundos político e eleitoral e 32 partidos tenha apenas duas opções, dois supostos "salvadores da pátria";

Ser tratado como idiota com a simulação de briguinhas com a imprensa e com outras instituições para desviar a atenção dos problemas reais da fome, da pobreza, da desigualdade, do desemprego etc; perder tempo com *fake news*; conversa fiada para alimentar fanáticos; show de passeios de feriadões, gastando milhões de dinheiro público, num país com pobreza e fome, brincando de moto, porcalhada com farofa e *jet-ski*, enquanto os cidadãos estão trabalhando;

Resolver os problemas mundiais tomando cervejinha e soluções como "choque de gás" a 36,00 reais etc;

DEMOCRACIA NA PRÁTICA

O instituto do desrespeito, a desmoralização e o aparelhamento das instituições, o caradurismo do duplo teto, o enriquecimento com dinheiro público, o sigilo das contas públicas, dos cartões corporativos e até os sigilos imbecis "por 100 anos";

O populismo fiscal jogando a conta para o CPF Brasil, para que a paguemos por anos à frente; hipócritas que adiantam a totalidade do décimo terceiro salário para antes das eleições para as pessoas ficarem sem nada no final do ano; a distribuição de bilhões para destruir a democracia com a compra de apoio político, sem transparência e sem qualquer impacto em políticas públicas;

Embuste religioso, militar e de conservadorismo por pessoas que não têm nenhuma característica militar e religiosa;

Manipulação intencional do que é liberdade de expressão, intoxicando a população com desinformação, indústria de *fake news* e crimes na internet para justificar a injúria, a calúnia e a difamação, como se não houvesse Código Penal.


**Mas se você quer ...**


Um país unido, transparente, que caminhe na trilha democrática, com aperfeiçoamento das instituições e com respeito, com redução das desigualdades, com liderança em assuntos mundiais, como sustentabilidade e meio-ambiente;

Que os políticos respeitem seus eleitores, promovam a união nacional, atuem com transparência, tenham empatia e sejam solidários na doença, nas dificuldades e nas vulnerabilidades da população;

Que as pessoas mais pobres e mais humildes e seus filhos, os órfãos de pai e mãe tenham vida digna, formação e possam disputar até os postos mais altos nas empresas privadas, na administração pública, nas Forças Armadas e em organizações sociais;

Acabar com reeleição para cargos Executivos, foro privilegiado, duplicidade de teto salarial etc;

Empatia e solidariedade na doença, na fome, na pobreza, na desigualdade social, na vulnerabilidade.

## Então ...

Não jogue fora a oportunidade do Brasil na próxima eleição. Lembre-se que os problemas são fundamentalmente de vagabundagem e não de "esquerda" x "direita".

Não aceite a esquizofrenia política e a intoxicação social do fanatismo. Não seja "bucha de canhão" para os canalhas e traidores que estimulam a violência e os distúrbios sociais, mas ficarão escondidos na sua covardia, nos seus gabinetes e nas suas imunidades.

Os partidos que acordem do encanto pelos fundos partidário e eleitoral, apresentem e viabilizem opções para a sociedade.

Não coloque embusteiros, covardes e fanfarrões na presidência da república e em outros postos. O país está cansado e não merece isso.

## DÊ UMA CHANCE AO BRASIL!

CARLOS ALBERTO DOS SANTOS CRUZ

Militar reformado e Engenheiro Civil

CADERNO DE IMAGENS

A mãe Bertholina Sol Cruz, Pelotas-RS. Década de 1930.

O pai, Júlio Alcino dos Santos Cruz, capitão da Brigada Militar do Rio Grande do Sul, desfile de 7 de Setembro (década de 1940).

Na Escola Preparatória de Cadetes do Exército, 1970.

Na Escola Preparatória de Cadetes do Exército, Campinas-SP, 1968-1970.

Na entrada da Escola Preparatória de Cadetes do Exército, Campinas-SP, 1968.

Na Universidade de Nova York, EUA.

O que eu mais gosto de fazer. Julho de 2022.

Na plantação de figos. Julho de 2022.

Casa em Rio Grande – RS, onde morou com o tio Hugo Cruz (1957-1960).

Localidade de Les Cayes (Haiti), 2008, com o capitão Artigas, do Uruguai.

Combate noturno para romper o cerco da cidade de Goma (Congo), agosto de 2013, com o Coronel Jeremy, da Inglaterra.

Crianças, em Kamango (Congo), próximo à fronteira com Uganda, 2015.

Com os combatentes das Forças Armadas do Congo, em Kamango, 2014.

No caminho da França para Santiago de Compostela (Espanha), 2012.

Em Bunagana (Congo), na fronteira com Uganda, 2013, com o general Lucien Bahuma (falecido), herói nacional do Congo.

Crianças em situação de vulnerabilidade, uma das nossas grandes motivações para lutar – Kissangani (Congo), 2015